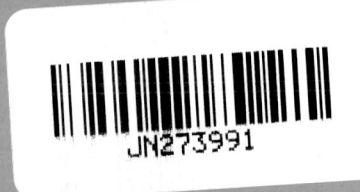

冷蔵庫や冷凍庫をいっぱいにして食べきれず、
まだ食べられるものを捨ててしまったり、
忙しくて料理を作ることができないでいるうちに、
野菜がいたんでしまったり…
そんな経験はありませんか。

大切な食べものを無駄にするのは、
とてももったいないこと。
日本と世界の食べものの生産にたずさわる人々、
飢えている人たちにも申しわけがないことです。
正しい保存のしかたを知れば、食べものを
最後までおいしく食べることができます。
大切な食べものの命を生かしきりましょう。

この本は、2006年6月にベターホーム協会が発行した冊子、「大切な食べものを無駄にしない読本一疑問すっきり・食品保存マニュアルー」をもとにして、より見やすい大判にしたものです。料理レシピや、より詳しい情報も加えました。キッチンの保存版として、ご利用ください。

目次

●レシピ中の分量表記（mℓ＝cc）
カップ1＝200mℓ　大さじ1＝15mℓ　小さじ1＝5mℓ

●制作・料理研究／ベターホーム協会
●撮影／大井一範他　●イラスト／小迎裕美子　●デザイン／ドモン・マインズ

食べものを無駄にしている私たち

私たちが毎日食べているものは、外国からの輸入に大きく頼っています。日本の食料自給率は、わずか40%（平成16年度）。ほかの先進国と比べて最低の水準です。

それなのに、私たちの食べ方には無駄がいっぱいです。1日に国民1人あたりに行きわたっている食料を熱量（カロリー）に換算すると（供給カロリー）、右下のグラフの青い線のようになります。ところが実際に食べているもののカロリー（摂取カロリー）を比べると、グラフのオレンジ色の線に。摂取カロリーのほうがぐんと少なく、供給カロリーとは3割近い差があります。

3割は、食べものを残したり捨てたりしていることになります。この差は、40年前の2倍以上に広がっています。

食料自給率　日本はたった40%

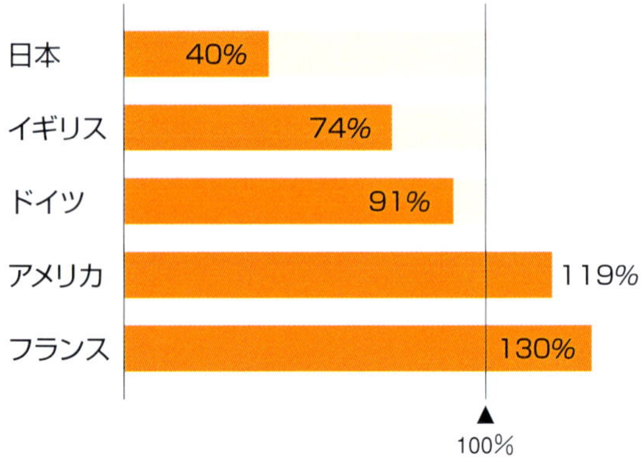

3割は食べ残し？ 捨てている？

国民1人1日あたりの供給熱量と摂取熱量の変化

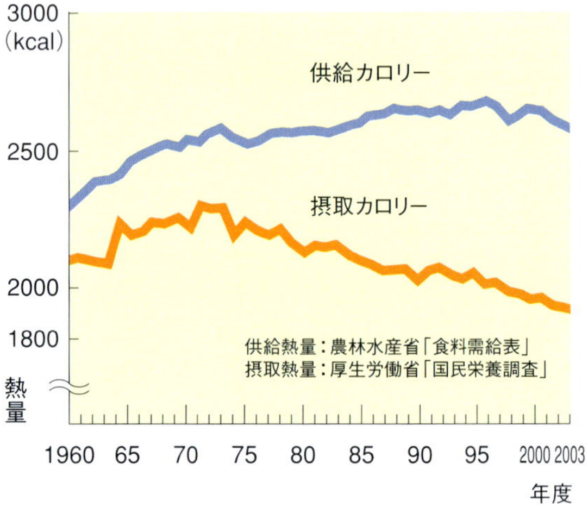

知っていますか？「賞味期限」のこと ―期限表示の意味―

こうした無駄をなくすためには、まず買いすぎないようにして、必要なものを必要な量、買いましょう。

次に、食品についている表示を正しく理解しましょう。

「買うときには、賞味期限が新しいものを棚の奥から探し出して買うのが賢い」

「賞味期限がきのうだった！　捨てなきゃ」

「封をあけた牛乳、賞味期限までに飲み終わればいいんだよね」

こう思っている人はいませんか。どれも正しくありません。むやみに日付の新しいものを求めると、期限内なのに売れない食品が返品されたりして、無駄になります。すぐに食べるなら、賞味期限間近のものもOK。それに長くもつ食品の中には、熟成してからのほうがおいしいものもあります。

賞味期限は、もちろんその期限内に食べるのがベストです。でも、1日過ぎたら急に食べられないものに変身するわけではありません。

そして、賞味期限は「未開封」で、適切な保存方法をした場合のみ有効です。封をあけたら、食品によっては生ものと同じなので注意しましょう。

「賞味期限」と「消費期限」があります

食品は生鮮食品（野菜や魚、肉）と加工食品に分かれています。生鮮食品にはふつうは期限表示がついていないので、自分で鮮度を見分ける必要があります。加工食品には、消費期限か賞味期限がついています。

加工食品のうち、弁当など、だいたい5日以内に悪くなる食品についているのが消費期限、割合いたみにくい食品についているのが賞味期限です。

これらの期限は安全のためにゆとりをみて、食品が実際にいたんでしまう期限より、手前の日付をつけています。とはいえ消費期限は、いたみやすい食品につけられるので、過ぎたら食べないほうが無難です。

一方、賞味期限のほうは、おいしく食べられる期限で、過ぎたからといってすぐ品質が落ちるわけではありません。安易に捨てず、加熱できるものは加熱して、早めに食べましょう。

加工食品
- いたみやすい食品…消費期限
- いたみにくい食品…賞味期限

●生鮮食品

「名称」(名前)と「原産地」表示が義務

●加工食品

「名称」と「原材料名」、それに
いたみやすい食品なら…「消費期限」
いたみにくい食品なら…「賞味期限」
を表示

＊細かくは食品の種類によって項目が増えるなど、違いがあります。
＊容器包装に入っていない食品や、品質の劣化がとても少ない食品(ガム、冷菓、アイスクリーム、砂糖、食塩など)は、期限表示をつけなくてよいことになっています。

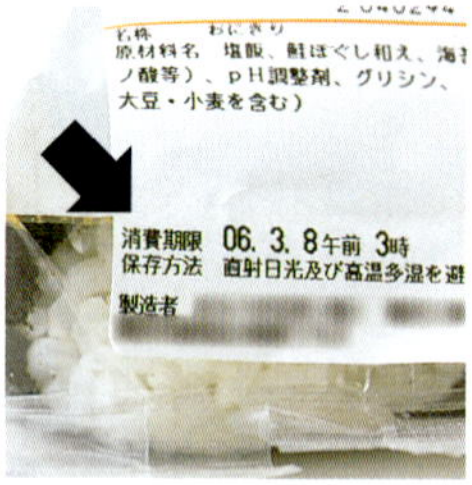

消費期限は…だいたい5日以内に悪くなる食品。例：弁当、おにぎり、調理パン、そうざいなど。
決められた方法で保存した場合、腐ったり変質したりする心配がない、**安全な期限**。
過ぎたら食べないほうがよい。

賞味期限は…比較的いたみが遅い食品。例：缶詰、ジュース、牛乳、スナック菓子など。
開封前で、決められた方法で保存した場合、その製品の品質がよい、つまり**おいしく食べられる期限**。それを超えても、品質が保たれることがある。
過ぎたからといって、すぐ食べられないというわけではない。

＊期限は「年月日」で表示しますが、製造日から賞味期限までが3か月を超える食品は、「年月」だけでかまいません。
＊以前は賞味期限とともに「品質保持期限」も使われていましたが、現在は賞味期限に統一されています。(平成17年7月末までに製造・加工・輸入された食品には「品質保持期限」も認められている)

自分で見分けよう

ただし、メーカーが責任をもつのは、正しい方法で保存して、賞味期限までです。それを過ぎれば、あとは消費者の責任。期限を過ぎたものを食べて、おなかがいたくなっても、企業の責任ではなく、自己責任です。

食品のようすを見て、食中毒には充分に注意します。変色したり、変なにおいがしたり、べとついたりと、少しでもいつもと違っていた

ら、食べずに処分を。また見た目がだいじょうぶでも、細菌が増えている場合もあるので、見きわめがむずかしいところです。

食品がいたんでいるかどうか、「いつもと違う」サインを見分けるには、食品の本来の状態がわかっていなくてはなりません。それには、新鮮な食材を手にして選び、自分で作った料理を食べる経験が必要です。それでこそ危険を感じとる五感が鍛えられます。

迷う事態にならないように、まず買いすぎ、食べ忘れを避けましょう。表示のない生鮮食品についても同じです。

賞味期限・消費期限はこう決められています

食品がいたむまでの期間は、食品の種類、性質などで大差があります。そのため、賞味期限や消費期限の期限は、その食品にいちばん詳しい人、つまり製造者（メーカー）や、輸入食品なら輸入業者が責任をもって、いろいろな試験を行い、製品ごとに決めています。

試験の内容は食品によってさまざまで、主な方法は次のようです。

・微生物試験…一般生菌、大腸菌など細菌を調べる。

・理化学試験…食品によって粘度、濁り、比重、pHなどの指標を選び、機械を使って測定する。

・官能試験…見た目、味、においなど、人間が五感を使って調べる。

これらの試験で出た「摂取可能な（食べられる・飲める）期限」をもとに、さらに充分なゆとりをもって、それより短い期限を賞味期限などに決めています。

科学的、合理的に期限表示を決めるため、国では「食品期限表示の設定のためのガイドライン」（厚生労働省・農林水産省）を決めています。また、業界団体がガイドライン（指針）を決めている場合もあります。

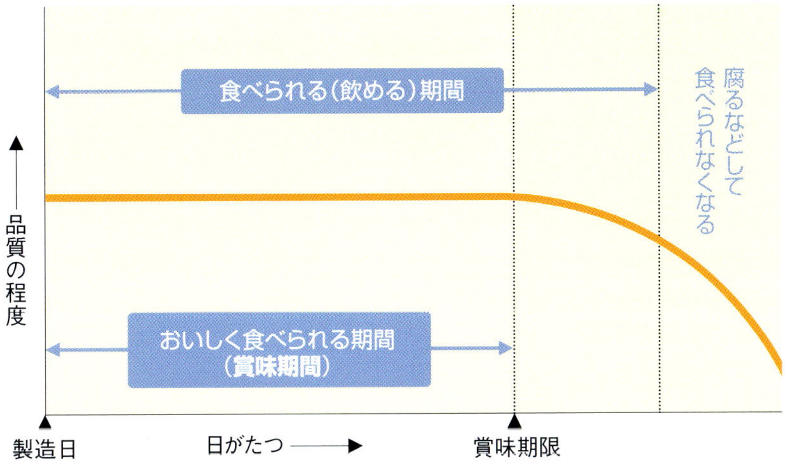

賞味期限のつけ方——しょうゆの場合

メーカーの代表と研究者でしょうゆの賞味期限測定委員会をつくり、3年半にわたって保存試験を行いました。

●しょうゆは塩分を多く含む発酵調味料で、未開封なら常温でも保存がききます。時間がたつと色、味、香りがだんだん劣化しますが、このうち色がいちばん早く変わり、濃くなります。そして色が変われば味や香りも変化します。そこで主な試験は、標準色度計で色を調べる理化学試験と、味や香りを調べる官能試験に決めました。

●容器の材質でも品質の落ち具合が違うので、プラスチックボトル、ガラスびん、缶のそれぞれで、こいくちしょうゆ、うすくちしょうゆ、しろしょうゆを調べました（以下はこいくちの場合）。

●色が、こいくちなら7ランク下がったときを賞味期限設定のめやすとします。

●官能評価は、3点で採点。

・新鮮さを失っていない……1点
・やや新鮮さを失っている…2点
・新鮮さがまったくない……3点

2点を賞味期限の限界とします。

●保存期間は42か月、常温（実験室で20℃）のほか、参考のため室温（8℃程度～34℃にわたった）でも調べました。

こうした検査の結果、決まったのが次の標準的な期間です。

こいくちしょうゆの賞味期限までの期間

＊プラスチックボトル………18か月
＊ガラスびん………………24か月
＊缶…………………………24か月

ちなみに、官能検査の平均の数字は、
18か月後のプラスチックボトル
………1.48
36か月後のガラスびん………1.36

出発のときの数字が「1」なので、賞味期限がきた時点でも、それほど悪くなっていません。特にガラスびんは、実際に品質が悪くなるより、はるか前に賞味期限が設定されていることがわかります。

（資料：日本醤油協会）

「適材適所」にしよう
—食品保存と適温—

食品がいたむ主な理由は、時間のほか、高温、光、湿気、空気（酸素）など。食品に合った環境の場所に置くと長もちします。多くの食品にとっては冷蔵庫がよい環境ですが、食品によっては、寒いのがにが手なものや、冷蔵が必要ないものもあります。

たとえば、熱帯原産のバナナやさつまいもは、冷蔵庫に入れておくと黒くなったり腐ったりします。丸ごとの野菜や、未開封の食品、調味料は、常温（冷暗所）に置けることもあります。冷蔵庫に詰めこみすぎると冷却効率が悪くなり、エネルギーの無駄。冷蔵の必要がないものは入れないようにしましょう。

適切な保存法は、表示にあるほか、食品が売り場でどう置かれているかを考えれば参考になります。冷蔵や冷凍でない棚にあれば常温、冷蔵ケースなら冷蔵です。

「常温」「冷暗所」とは

冷蔵庫に入れなくてよい食品の場合、表示の保存方法のところに「常温」と書かれています。これは「室温」と同じことですが、そうはいっても、直射日光があたる場所や、暖房やガス台のそばなどは避けたいもの。暗くて涼しい場所、つまり「冷暗所」が望ましい置き場所です。

マンションなどは、夏場や暖房がきいた室内では冷暗所と呼べる場所はあまりないので、常温保存できる食品も、冷蔵庫に入れるほうがよい場合があります。

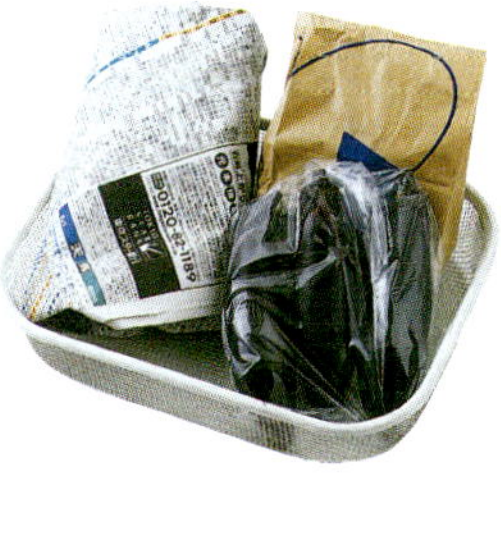

冷 蔵 庫

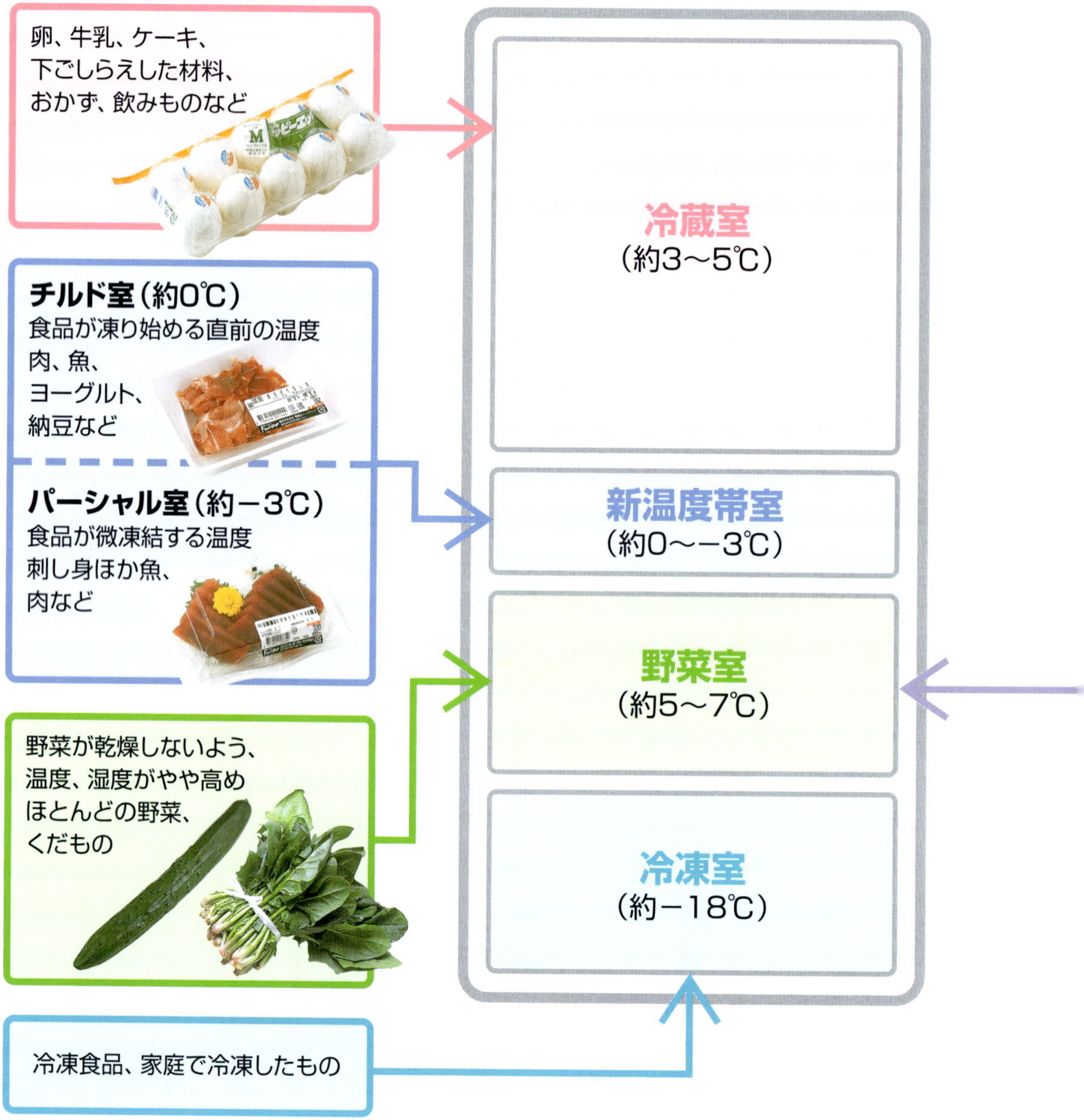
卵、牛乳、ケーキ、
下ごしらえした材料、
おかず、飲みものなど
チルド室（約0℃）
食品が凍り始める直前の温度
肉、魚、
ヨーグルト、
納豆など
パーシャル室（約－3℃）
食品が微凍結する温度
刺し身ほか魚、
肉など
野菜が乾燥しないよう、
温度、湿度がやや高め
ほとんどの野菜、
くだもの
冷凍食品、家庭で冷凍したもの
冷蔵室
（約3〜5℃）
新温度帯室
（約0〜－3℃）
野菜室
（約5〜7℃）
冷凍室
（約－18℃）

・冷蔵庫のドアの開閉はなるべく回数を少なく、すばやくします。5秒間ドアを開けると、元の温度にもどるのに1分半くらいかかります。
・特にドアポケットは周囲の温度の影響を受けやすいので、調味料など、あまり温度に左右されない食品を入れます。冷凍庫のドアポケットも、長く保存するものは避けます。
・冷蔵庫も冷凍庫も、熱い食品は必ずさましてから入れます。

常温・冷暗所
なす、さつまいも、
さといも、
泥つきごぼう、
泥つきねぎ、
バナナ、
未熟なくだもの など

**室温の高いときや
切ったものは野菜室**
かぼちゃ、にんにく、
じゃがいも、
たまねぎ、
だいこん、
はくさい など

こうして食品に合った方法で保存し、それでも食べきれそうもなかったら、火を通す料理に使うか、冷凍に向くものなら冷凍して(本当はおいしいうちに冷凍するほうがよいのですが)、無駄なく食べきりましょう。

**Q 「常温」とは
どのくらいの温度？
決まりはないの？**

A 薬であれば「常温は通常15～25℃、室温1～30℃」という規定がありますが、食品については、国の基準など明確な定義はありません。

個別の食品では、牛乳・乳飲料の場合、常温保存可能と表示するためには「30℃±(プラスマイナス)1℃で14日間または55℃±1℃で7日間の保存試験を満たす」などと省令で決まっています。しかし、ほかの食品には決まりがありません。

結局、社会通念にしたがって、特に温めたり冷やしたりしない温度、外気温を超えない温度がめやすとなります。日本では、南と北、夏と冬では気温に大きな差がありますが、そのどこでも、いつでも、テーブルの上に置いて保存しても平気、というのが常温保存の食品です。人が生活する程度の温度なら、ということで、屋外や直射日光にあてたりするのは常温とはいえません。

凍らす前に知っておいてね！

―家での冷凍6か条―

　イラストのようなことにならないために、以下の6か条を守りましょう。味を保つためにも大事なコツです。

　家庭での冷凍は、市販の冷凍食品を製造するようには低温にできません。なんでも冷凍して長くおくのでなく、まずは、おいしいうちに食べきることを第一に考えましょう。冷凍するなら、古くなってからでなく、新鮮なうちに。

1 冷凍に向かないものはしない

　水分の多い食品、冷凍で食感（歯ざわり）が変わってしまう食品は不向きです。

●向く

・ごはん・パン

・加熱調理したもの

・乾物、お茶の葉など乾燥したもの

●向かない

・とうふ、こんにゃく、たけのこなど（食感が変わる）

・生の野菜や、生のいも（一部できるものもある）

・牛乳やクリーム（脂肪分が分離する）

・一度解凍したもの（再冷凍は品質がとても悪くなる）

×

2 すばやく凍らせる

冷凍に時間がかかるほど、食品の組織がこわれます。

早く凍らせるためには、

・熱の伝わりやすい金属製トレーなどにのせる
・庫内のいちばん冷える場所に入れる

熱いものは必ずさましてから。でないと、冷凍庫の温度が上がり、冷凍に時間がかかるだけでなく、ほかの食品までいたみます。

3 小分けし、薄く、平らに

1回に使う量に分けて。できるだけ薄くすると、早く凍ります。薄くしながら空気も抜きます。

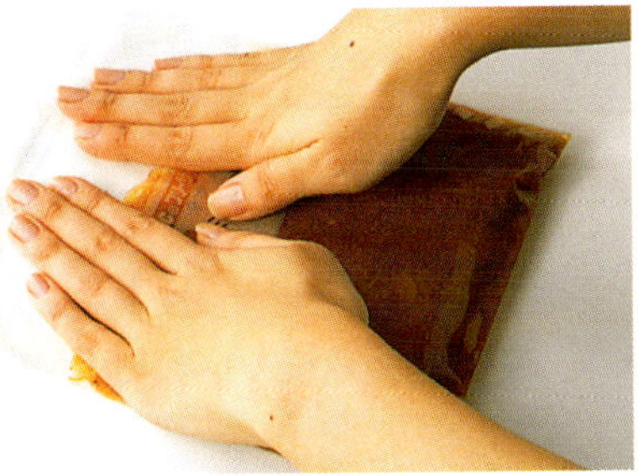

4 空気を抜いて、しっかり密閉

空気が入っていると、酸化(酸素と結びついて品質が落ちる)や、霜がつくもと。小分けしてラップでしっかり包み、まとめて冷凍用保存袋や密閉容器に入れます。細かいものは、直接保存袋や密閉容器に入れても。

解凍法は4つあります

《自然解凍》…肉、魚やおかずは冷蔵庫で。野菜や乾物は室温でも
(室温で解凍すると、その間に細菌が繁殖することがある。食中毒を防ぐために、生ものやおかずの室温解凍はやめたほうがよい)

《流水解凍》…急ぐときに。水が入らない袋で

《電子レンジ解凍》…解凍(弱)機能を使うなどして、加熱しすぎないように。加減が大事

《加熱解凍》…凍ったままゆでるなど、解凍と同時に調理

自然解凍　電子レンジ解凍
流水解凍　加熱解凍

5 日付と中身がわかるように

水気に強い油性ペンで記入。買ったときの表示ラベルを貼ってもよいでしょう。

6 1か月以内に使いきる

冷凍しても、時間は止まりません。食品は酸化や乾燥で味が落ちていきます。家庭で冷凍したものは、**めやすとして1か月以内、いたみやすい生の肉、魚介類や生野菜は2週間以内に**使います。乾物などはもっともちます。

食べ方も、刺し身など素材そのものの味がものをいう料理よりも、しっかり味つけしたり、加熱調理するほうがベター。

Q 冷凍したものを凍ったまま使うのか、解凍してからか、使う前にいつも悩みますが、決まりがある？

A 一般的に、生の肉や魚は解凍してから使います。煮こむなどしっかり火を通す場合は、半解凍でも。野菜は冷たい料理なら解凍してから、加熱する料理なら凍ったままでOK。すぐ解凍できるパセリなども凍ったまま。ごはんやパン、おかずも、ふつうは凍ったまま加熱できます。

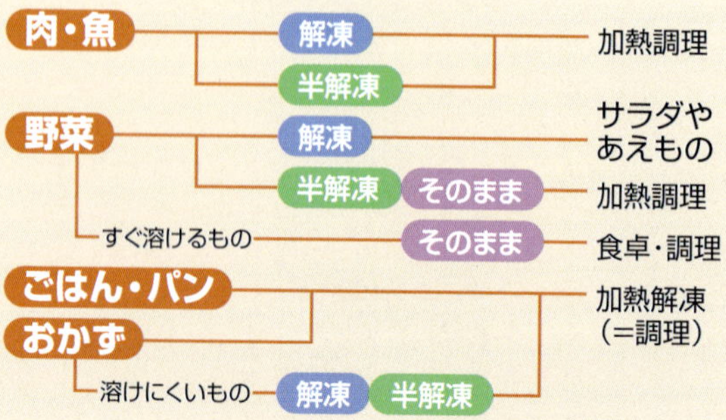

（詳しくは各食品の項目に）

食べものを無駄にしない保存法

保存できる期間は、もともとの食品の種類や状態、家庭ごとの保存状態によって違います。
この本で示している保存できる期間は、めやすです。

魚

＊魚は汁がほかの食品につかないように密閉して、**冷蔵**。あればパーシャル室など低温のところに置きます。

＊生の魚は、冷凍品を解凍して売っていることが多く（「解凍」の表示がある）、家庭での冷凍は再冷凍になってしまうので、避けましょう。表示を見て、「生」とあるものや近海ものなら冷凍できます。

＊市販の冷凍素材も、一度溶けたものの再冷凍は避けます。

＊冷凍する前に、ペーパータオルで水気をよくふくこと。冷凍したら、2週間以内をめやすに食べきります。

＊使うときは、冷蔵庫で解凍するのが基本ですが、急ぐ場合は流水か電子レンジでも。

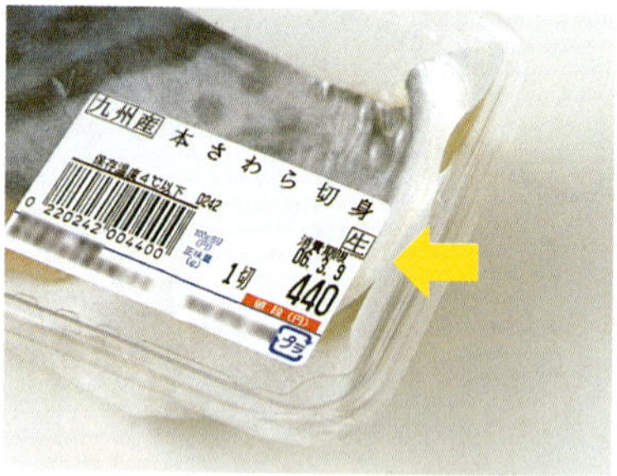

一尾魚

保存 内臓からいたむので、買ってきたら、まず、えらと内臓をとって、洗ってから冷蔵庫に。その日のうちに調理

冷凍 ◆三枚におろし、ラップで密閉して保存袋に

◆いわしなど、形がくずれやすいものは、きざんでつみれにして

➡冷蔵庫で自然解凍して調理

切り身

保存 ●その日のうちに調理。どうしても翌日までおくなら、火を通すか、調味料（しょうゆと酒や、みそ）につける
●洗うとうま味が逃げるので、ふつうは洗わず、ペーパータオルなどでふく程度に。汚れていたり、汁が出ていたら、さっと洗う

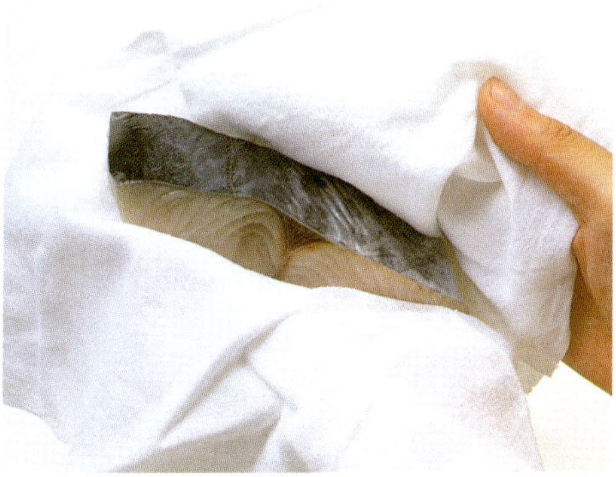

冷凍 味が落ちやすいので、しょうゆと酒などで下味をつけてから、小分けしてラップで包み、保存袋に
➔冷蔵庫で自然解凍して調理

ワンポイント

さばやさけは、生で食べると寄生虫（アニサキス）のおそれがあるので、しめさばや生でマリネにするなら、丸２日間、冷凍してから調理する。冷凍するとアニサキスは死ぬ

Q 魚も「再冷凍はダメ」といわれますが、食べきれないときは、やっぱり冷凍したいです。いい方法は？

A どうしても、というときは、しょうゆと酒につけたり、みそなどを塗ってから冷凍すると、余分な水分が抜け、味が落ちにくくなります。塩をふっても、そのままよりはよいでしょう。冷凍してあった魚だけでなく、「生」表示の魚もこうすると、おいしく冷凍できます。焼くか煮てから冷凍してもよいでしょう。

刺し身

保存

● 切ってあるものも、さく（写真）も、その日のうちに食べる

● さくが冷凍品で凍っていれば、冷蔵庫で中心がまだ凍っている状態（半解凍）にもどす。もどしすぎるとおいしくない

● 指で押してみて、まわりがやわらかく、中心がまだかたければ半解凍。中までやわらかくなっていれば完全に解凍されている状態

冷凍

まぐろはほとんどが冷凍を解凍したものなので、冷凍しない（解凍したものは表示でわかる）

recipe

刺し身が残ったら

こうすれば、翌日も食べられます。
残りそうなら、早く調味料につけて冷蔵庫に。

づけ丼

① しょうゆ2～1.5に、みりんか酒1の割合で混ぜ、刺し身をつけておきます。

② 温かいごはんに①をのせ、好みでしょうがやわさび、のり、しそなどを添えます。

＊油少々で焼いて火を通し、お弁当のおかずにも。

いか

保存
内臓からいたむので、買ってきたら内臓をとって冷蔵。その日のうちに調理

冷凍 内臓、軟骨、足の吸盤をとり、小分けしてラップで包み、保存袋に。皮をむいて調理するなら、皮もむいておく。部位ごとにラップで包むと使いやすい

➔冷蔵庫で自然解凍。煮ものなどなら半解凍でも

えび

保存
- 鮮度が落ちやすいので、その日のうちに使う
- 冷凍えびは1か月以内をめやすに使う

冷凍
ほとんどが冷凍を解凍して売られているので、冷凍は避けたい。どうしても再冷凍したいときは、冷凍後、早めに使う

刺し身のサラダ

①白身の刺し身を酢（刺し身50gなら酢大さじ1くらい）につけておきます。
②細切りにして、野菜とともにドレッシングであえます。

まぐろのしぐれ煮（4人分・1人分100kcal）

①しょうが1かけ（10g）を細切りに、まぐろの刺し身（切り落としでもよい）200gは1cm角に切ります。
②鍋に①、酒カップ1/4、砂糖大さじ1 1/2、みりん・しょうゆ各大さじ2を入れ、ふたはせずに中火で煮ます。煮汁が少なくなったら、鍋をゆすって汁気をとばします。

たこ

保存
鮮度が落ちてもわかりにくい。賞味期限をめやすに早めに食べる

冷凍
小分けしてラップで包み、保存袋に
➔冷蔵庫で自然解凍して、いためものなどに。刺し身で食べるなら、さっとゆでるとおいしくなる

干もの

保存
新しいものなら冷蔵で2～3日もつ

冷凍
１枚ずつラップで包み、保存袋に
➔冷蔵庫で自然解凍。まあじなど薄いものなら凍ったまま焼ける

しらす干し　ちりめんじゃこ

保存
● 賞味期限がなければ、じゃこは冷蔵で約１週間
● しらす干しは、じゃこより水分が多くいたみやすいので、2～3日で使いきる。残ったら冷凍する

冷凍　一度にたくさんは使わないので、冷凍すると便利。保存袋や密閉容器に入れる
➔凍ったままざるにのせ、熱湯をかけると、手早く解凍でき、においも抜ける

たらこ めんたいこ

保存
賞味期限をめやすに

冷凍 小分けしてラップで包み、保存袋に。
たらこは焼いたものも冷凍できる
➔冷蔵庫で自然解凍

イクラ 筋子

保存
賞味期限をめやすに。生なら、その日のうちに調理する（生を塩やしょうゆで漬けた場合は、冷蔵で10日ほどもつ）

冷凍
小分けして密閉容器に
➔冷蔵庫で自然解凍

Q 冷蔵や冷凍中に時々ラップがはがれてしまうのですが？

A 食品は冷蔵庫の中にむき出しで入れず、においや肉・魚の汁がほかの食品に移らないように、密閉するのが基本。食品用ラップ、保存袋、密閉容器などを使います。特に冷凍の場合は乾燥しやすく、温度変化でラップがはがれてしまうこともあるので、ラップで包み、さらにポリ袋や冷凍用の保存袋、こまごましたものなら密閉容器と、二重にするのが安心です。厚手でジッパーつきの保存袋は、開け閉めできて便利です。密閉容器は冷凍に使えるか耐冷温度を確認し、中身が見えるよう、透明か半透明がよいでしょう。

うなぎのかば焼き

保存

●冷蔵で2〜3日

●パック入りは消費期限・賞味期限をめやすに

冷凍

小分けしてラップで包み、保存袋に

➔冷蔵庫で自然解凍、または電子レンジなどで加熱解凍

練り製品（ちくわ・かまぼこ・さつま揚げ・はんぺん）

保存

賞味期限をめやすに。開封したら、翌日には食べきる

冷凍

◆かまぼこは食感が変わるので、冷凍には向かない

◆ちくわ、さつま揚げ、はんぺんは冷凍できる。小分けしてラップで包み、保存袋に

➔解凍か半解凍で加熱調理。切って冷凍したら、凍ったまま加熱調理

recipe

冷凍ちくわと ねぎのいためもの

（2人分・1人分66kcal）

＊冷凍していない材料でも作れます。

①3㎜程度の厚さに切って冷凍したちくわ小2本分（40ｇ）を、凍ったまま、サラダ油小さじ1でいためます。

②冷凍した小口切りのねぎ（P.54）1/2本分（40ｇ）を凍ったまま入れ、砂糖小さじ1/2、酒・しょうゆ各大さじ1/2を加えて、汁気がなくなるまでいためます。いりごま小さじ1をふります。

貝（あさり・しじみ・はまぐり）

保存　●殻つきは、調理前に砂抜きする。あさり、はまぐりは半分つかるくらいの塩水（水カップ1に塩小さじ1の濃さ）、しじみは真水につけ、暗い所に2〜3時間置く。「砂抜きずみ」も、30分くらいはすると安心

●むき身は塩水で洗ってから、真水でもう一度手早く洗う

冷凍　殻つきは、砂抜きしてよく洗ってから水気をふき、保存袋で。むき身は、酒蒸ししてから保存袋で

➔解凍すると脱水しておいしくないので、凍ったまま加熱調理。充分火を通す

Q 冷凍したものを解凍して使う場合、解凍法によって味が違う？

A 解凍法は自然解凍、流水解凍、電子レンジで加熱などがあります（P.13）。一般に魚や肉は、冷蔵庫でゆっくり時間をかけて解凍すると、水っぽくならず生に近い味になります。反対に野菜は解凍せず、凍ったまま加熱調理するほうが味や食感が落ちにくいものです。解凍してそのまま食べる料理は、自然解凍か流水解凍がおいしいでしょう。電子レンジは加熱しすぎるとムラになるので、気をつけます。

自然解凍

電子レンジ解凍

流水解凍

加熱解凍

肉

＊肉は、なるべく空気にふれないようにラップなどで包んで密閉容器か保存袋に入れて**冷蔵**。買ってきたパックのままなら、汁がたれないようポリ袋に入れます。

＊冷凍するときは、1回に使う分量に分け、なるべく薄くしてラップで包み、さらに冷凍用保存袋に入れます。

＊冷凍した肉を使うときは、ゆっくり時間をかけて冷蔵庫で解凍します。電子レンジ解凍は、肉の端だけが煮えたりしがちなので、加熱しすぎないように注意します。

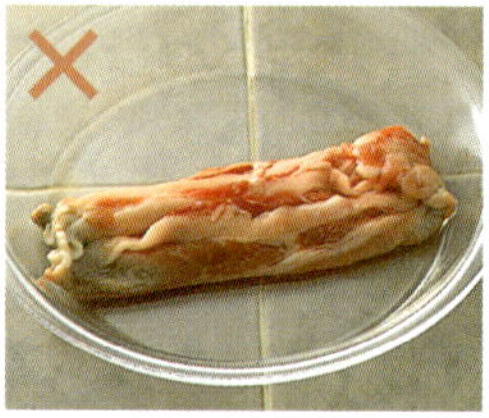

＊肉は長く冷凍しておくと味が落ちるので、なるべく2週間以内をめやすに食べきります。変色したり、いやなにおいがしたら処分しましょう。

ひき肉

保存

空気にふれる面積が多いほどいたみやすいので、ひき肉は保存がきかない。
とりひき、豚ひき、合びき肉は買った日のうちに、牛ひき肉は翌日には使いきる

冷凍

ひき肉は生で冷凍するといたみやすいので、ポロポロになるまでいためてから冷凍すると安心。さましてから小分けにしてラップで包み、保存袋に

➔凍ったまま加熱調理

薄切り肉

保存　●1～2日で使いきる
●香味野菜（たまねぎなど）と油につけておくと、2～3日もち、風味もよくなる

冷凍　少しずつずらして平らに並べ、1回に使う量に小分けしてラップで包み、保存袋に
➔冷蔵庫で自然解凍

Q パックの牛肉が黒ずんでいるのはだいじょうぶ？

A 切りたてで空気にふれていないために、重なっている部分が黒っぽくなる場合があります。これは、牛肉の色素が空気にふれないと赤くならないため。表面の肉が鮮やかな赤色なら、だいじょうぶです。全体が黒っぽいものや褐色のものは、古い可能性があります。

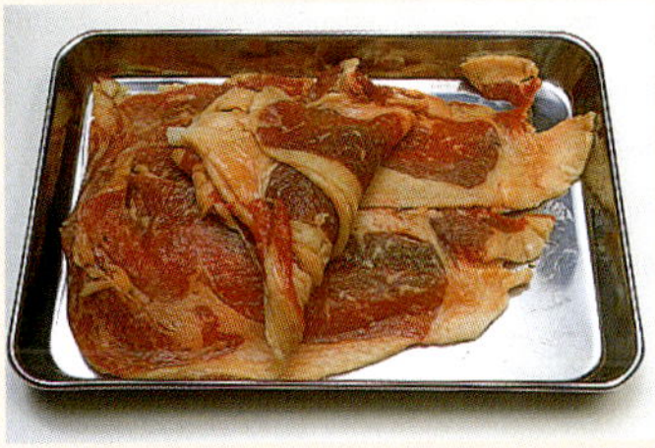

Q 食品を冷凍すると必ず霜がついてしまう。防ぐ方法はないの？

A 霜の原因は、空気と温度変化。食品中の水分が空気中に蒸発し、それが凍って霜になり、また溶けて…と、くり返すことで霜がつきます。家庭では真空にできず、冷蔵庫は自動霜とりなどで庫内の温度が変わるので、霜は避けられません。少なくするには、空気をできるだけ抜く（押さえて抜くほか、ストローで吸ってもよい）、しっかりした保存袋で密閉する、冷蔵庫のドアの開け閉めは最低限にするなどのくふうを。

厚切り肉・かたまり肉 とり肉

保存

- かたまりの牛肉は3～4日、豚肉は2～3日以内に使いきる。厚切り肉はマイナス1日程度
- とり肉はいたみやすいので、新鮮なものを選び、翌日までに使いきる

冷凍

- 厚切り肉や、とりもも・むね肉などは1枚ずつラップで包み、保存袋に
- かたまり肉は2～3cmくらいの厚さに切って早く凍るようにしてから冷凍

➔冷蔵庫で自然解凍

レバー

保存

いたみやすいので、買った日のうちに調理する

冷凍

- いたみやすく、不向き
- 加熱して料理にしてからなら冷凍できる

➔冷蔵庫で自然解凍または加熱解凍

recipe

とりレバーのしょうが煮

（4人分・1人分86 kcal）

①とりレバー200ｇは心臓（ハツ）がついていたら切り離し、脂肪と血のかたまりを除いて血を洗います。ひと口大に切ります。心臓は2つに切り、血を洗います。一緒に熱湯でさっとゆで、ざるにとります。

②しょうが大1かけ（約15ｇ）は洗って、皮つきのまま細切りにします。

③鍋に砂糖大さじ1/2、酒大さじ3、しょうゆ大さじ1、みりん大さじ1を煮立てます。レバーとしょうがを入れ、中火でアクをとりながら、汁気がほとんどなくなるまで煮ます（ふたはしない）。

ハム・ソーセージ・ベーコン

保存

● 日もちは製品によって大差がある。開封前は賞味期限まで。開封したら、生の肉プラス2日と考えるのが無難

● これらの加工品は以前よりうす味で塩分が減っているため、昔ほど保存がきかない。無添加のものは、生肉と同じと考える

冷凍 ◆ ベーコンやハムは、くっつかないように１枚ずつラップをはさみ（ラップをびょうぶのように折るとよい）、何枚ずつかに小分けし、まとめて保存袋に

◆ ソーセージは小分けしてラップで包み、保存袋に

➔ゆでたり煮る料理なら凍ったままでもOK。それ以外は冷蔵庫で自然解凍

Q ハムの表面が、少しベトベトしています。もう食べられないでしょうか？

A ハムやソーセージがべとついているのは、微生物が繁殖して、腐敗の一歩手前の状態になったものです。「いやなにおいがなければ、加熱すれば平気」ともいわれますが、安全のため、食べずに処分しましょう。かまぼこ、肉などもべとつくことがありますが、同様にやめましょう。

卵

＊卵は細菌から中身を保護する働きがあるため、もともと日もちする食品です。昔は「常温で2週間もつ」といわれましたが、今の卵は汚れや細菌を除くために洗浄してあり、卵を保護している層もとれているので、冷蔵庫に入れます。

＊ケースごと保存するほうが衛生的です。またドアポケットでなく、棚の奥に入れるほうが、ドアの開閉の衝撃や温度差の影響が少なくてすみます。

卵

保存

- 冷蔵庫で。卵には食中毒を起こすサルモネラ菌がついていることがある。万一殻に菌がいて、ほかの食品に移るといけないので、卵入れにむき出しで入れず、売っている卵ケースのまま冷蔵する
- とがったほうを下、丸いほう（空気の入っている気室のある側）を上にすると中身が安定して、もちがよい
- ひびが入った卵は、生で食べず、加熱調理する

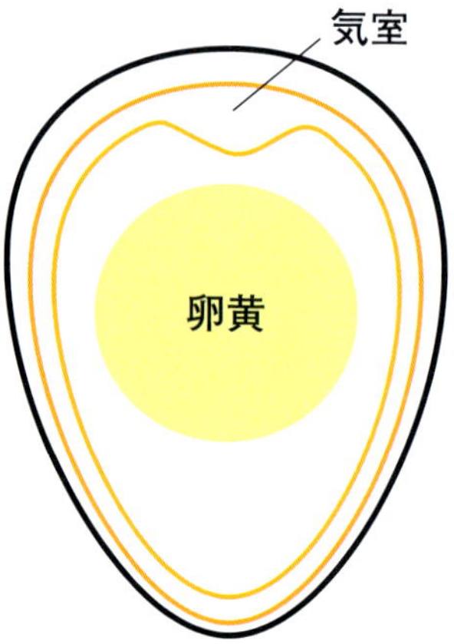

ワンポイント

市販の卵は洗ってあるので、殻を洗わない。ぬれるとかえって、かびやすくなる。地卵などで殻に汚れがついている場合は、使う前に洗う。

冷凍

◆薄焼き卵を冷凍保存しておくと、ごはんやめんのトッピングなどに便利

➔冷蔵庫で自然解凍。お弁当ならそのまま入れても

◆ゆで卵は白身の食感がゴムのように変わるので、向かない

◆割ったあとの卵はいたみやすいので、使いきるのがベストだが、卵白が余ったら冷凍できる

➔自然解凍して揚げものの衣など加熱する調理に

Q 卵は賞味期限を過ぎても、火を通せば食べられるって、本当？

A そのとおりです。卵の賞味期限は、「生で食べられる」という意味です。生食するなら新鮮なうちがおいしいし、安心。割ったとき、卵白に濃度があって、卵黄が盛り上がっていれば新鮮です。賞味期限を過ぎたら、早めに加熱調理して食べましょう。加熱調理は、白身も黄身もかたまるまで火を通すという意味です。

Q ひとり暮らしなので、卵をパックで買うと余るのが心配です。まとめてゆでたりするほうがもつ？

A 卵は栄養価が高く、4個や6個のパックもあるので、ぜひ買ってください。ゆで卵や温泉卵にすると、冷蔵で2～3日しかもちません。生のままなら賞味期限までもつので、むしろ長もちします。

牛乳・乳製品

＊牛乳や乳製品は、ほかの食品のにおいがうつりやすいので、口をしっかりしめて冷蔵庫に入れます。キムチ、ねぎなど、においの強いものとは離して置きます。

牛乳

保存 ● 10℃以下で冷蔵

● 賞味期限は開封前のもの。開封したら、早く使いきる。めやすは開封後1～2日まで。ただし口をつけて飲んだりストローを入れたりしたら、口の中の雑菌が入るので、その場で飲みきる

冷凍

水分と脂肪分が分離するので向かない

ワンポイント

分離していたり、いつもと違うにおいや味がしたら、やめる

生クリーム

保存

● 冷蔵。振動でかたまりができやすいので、ドアポケットには入れない

● 開封したら、しっかり口をとじて早く使いきる。めやすは開封後1～2日まで

冷凍 そのままは向かない（分離する）が、泡立てればできる。トレーにスプーンで落とし、凍ったら密閉容器に。保存は1～2週間

➔凍ったままか自然解凍でコーヒーや料理に。お菓子作りにはやめたほうがよい

Q 生クリームは余ってしまうことが多いです。冷蔵庫に入れておいたら、少し固まってしまいましたが、まだ使えますか？

A 変なにおいや味がしたり、黄色っぽく変色したり、水分と分離していなければ使えます。使いきるためには、飲みものに入れるのはもちろん、牛乳やヨーグルトと混ぜる、いちごにかける、オムレツやスープ、カレーやシチューに入れるか、かけるなどの利用法があります。ホワイトソースの最後に入れたり、野菜にかけてチーズをのせ、グラタン風に焼いてもおいしいので、おためしを。

チーズ

保存

- 冷蔵室か野菜室に
- プロセスチーズは開封後は切り口をラップでおおい、2週間以内に食べる
- ナチュラルチーズは買ったあとも熟成が進むので、早いうちに食べきる。食べられる量を買おう。めやすは、フレッシュタイプは開封後2日～1週間以内、かたいタイプは買ってから2～3週間以内
- 残ったら乾燥しないように切り口をラップやアルミホイルで密閉。密閉容器に入れて、野菜室に。レタスの葉や水をふくませたパセリを一緒に入れるとよい
- 粉チーズは室温保存。冷蔵すると湿気をおびて固まりやすくなる

冷凍

◆ 冷凍すると味が落ちるので向かない。クリームチーズなどのフレッシュチーズは解凍するときに分離してしまう

◆ ピザ用チーズは冷凍できる。平らにして製品の袋か保存袋に入れて密閉

➔凍ったまま加熱調理。パンにのせて冷凍すれば、焼くだけでピザトーストに

ワンポイント

- かたくなってしまったチーズは、料理に入れるか、すりおろして粉チーズにする
- かびが生えたチーズは食べない（もともとかびをつけてあるカマンベールやブルーチーズは別）。水がつくとかびやすいので、切り口をぬらさない

ヨーグルト

保存　冷蔵。開封後は、ふたをしっかりしめて、2～3日以内に食べきる

冷凍　そのまま冷凍すると分離する。泡立てた生クリーム、砂糖と混ぜて冷凍するとフローズンヨーグルトに

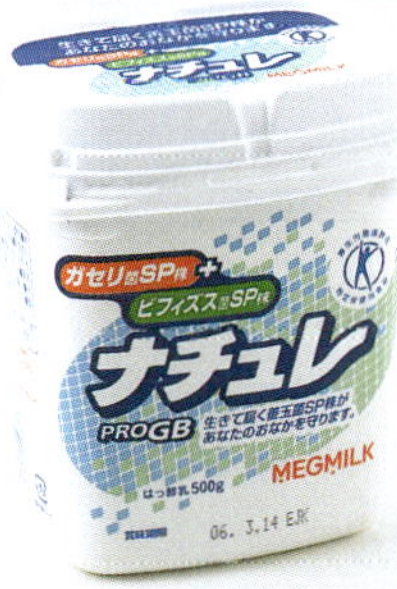

ワンポイント

上にたまる透明の液体は「ホエー（乳清）」といい、栄養分が豊富。捨てずに混ぜて食べるとよい

野菜

＊野菜は収穫されたあとも呼吸しています。長く保存すると、見た目は変わらなくても、野菜自体の栄養成分やうま味成分を使ってしまい、栄養価も味も落ちていきます。できるだけおいしいうちに食べましょう。

＊基本は冷蔵庫の**野菜室**で。野菜室は、ほかの冷蔵室より、湿度・温度とも高めになっています。

＊野菜によっては、冷蔵庫に入れる必要のないものもあります。日があたらず涼しい場所（冷暗所）に置きます。→P.9、11

＊ふつうは洗わないまま保存するほうが長もちします。

＊ゆでて冷蔵すれば、たいていのものは2～3日もつので、すぐ食べられて便利。

栽培されているときの状態に近くする

＊**立ち型野菜**…葉ものやはくさいなど立って生える野菜は、できるだけ立てて保存。ねかせると起き上がろうとしてエネルギーを使ってしまい、栄養分も失われます。

＊**土つき野菜**…根菜やいもなど土の中で育つ野菜は、泥がついたままのほうが長もち（ただし冷蔵庫に入れるときは泥は洗い落とします）。

＊**ぶらり型野菜**…きゅうり、トマト、なすなど、ぶらさがってなる野菜。多くが寒さに弱いので、冷やしすぎないで。

＊**葉つきの野菜**（だいこん、かぶなど）…葉がついたままだと養分を吸って、食べる部分がスカスカになるので、葉を切りとって保存します。

野菜の冷凍のコツ

＊基本的に生野菜の冷凍は不適当。水分や繊維が多いので、家庭で冷凍すると、水分が膨張して組織がこわれます。そのため、しんなりしたり、繊維が残って口あたりが悪くなりがちです。

＊そこで、ゆでる、いためる、電子レンジ加熱するなど加熱してから冷凍するのが基本。ただしゆですぎると、解凍したときに水っぽくなるので、**かためにゆでます。**

＊細かく**切る、つぶす**など、繊維をこわせば生のまま冷凍できる野菜もあります。生を冷凍した場合は、早めに（２週間程度）使います。

＊根や種など食べない部分は除き、食べやすく切って、**すぐ使える状態で冷凍すると便利。**

＊冷凍の前に、ペーパータオルなどで**水気をよくとります。**解凍するときにも水が出るので、基本的に凍ったまま加熱調理します。サラダやおひたしに解凍して使うなら、水気をしぼります。

Q 野菜を買ったときの袋やパックのまま保存してもよい？

A すぐに使う予定なら、そのままでも。この本の中で「ポリ袋」とある場合、買ったときの袋に使い残しを入れて、口をしめてもかまいません。長くおいしく保存したい場合は、鮮度保持機能がある市販の野菜保存用袋に移すと、効果的。中には、はじめから保存用袋に入れて売られている野菜もあります。袋が密閉してあり、表示に「鮮度保持・ＭＡ包装」などと書かれているのでわかります。その場合は、ほかの袋に移さずに使い、口はしっかりしめます。

青菜（ほうれんそう・こまつな・しゅんぎくなど）

保存 根元をしばってあればテープを除き、ポリ袋にゆとりをもたせて入れ、口を折って（密閉するといたみやすい）、野菜室に。できるだけ立てて入れる。2〜3日以内

冷蔵
まとめてゆでて、水気をしぼり、密閉容器で2〜3日。おひたしのほか、あえものや煮ものの添え、汁の実に

冷凍
かためにゆでてよくしぼり、水気をふきとる。小分けしてラップで包み、保存袋に（切っておいてもよい）
➔おひたしやごまあえなら自然解凍。加熱調理は、ふつうは凍ったまま、多量なら半解凍で

recipe

冷凍青菜の煮びたし
（２人分・１人分75kcal）

＊冷凍していない材料でも作れます。
①鍋にだしカップ1/2、みりん大さじ１、しょうゆ大さじ1/2を煮立てます。
②切って冷凍した油揚げ（→P.72）１枚分、青菜（こまつな、ほうれんそうなど）1/2束分（150ｇ）の順に凍ったまま入れ、強火で１分ほど煮ます。

グリーンアスパラガス

保存

- 鮮度が落ちやすいので、早めに使うか、ゆでておく
- ポリ袋などに入れて乾燥しないようにして、野菜室か冷蔵室に。できるだけ立てて入れる。倒れやすいので、牛乳パック（洗って上部を切りとる）に入れると便利

冷蔵

ゆでて、ラップで包むか密閉容器で1～2日

冷凍

かためにゆでて水気をふき、小分けしてラップで包み、保存袋に

➔自然解凍でサラダなど、半解凍か凍ったままで加熱調理

枝豆

保存

鮮度が落ちやすいので、買った日のうちにゆでる。無理なら枝からはずし、ポリ袋に入れて野菜室で翌日まで

冷蔵　すぐにゆでて、密閉容器などで1～2日

冷凍

かためにゆでて水気をふき、保存袋に。さやから出して冷凍し、料理に使っても

➔自然解凍か、凍ったままもう一度さっとゆでるなど加熱調理

そら豆 グリーンピース（実えんどう）

保存

● さやつきのほうが鮮度を保つ。そのままポリ袋に入れて、野菜室に。2～3日以内に使う。さやから出すのは調理の直前に

● さやつきでないものは、買った日のうちにゆでる

冷蔵 ■ゆでたら、密閉容器などで1～2日

■冷蔵するとかたくなるので、食べるときにもう一度さっとゆでると、よりおいしい

冷凍

◆ かためにゆでて水気をふき、保存袋などに

➔自然解凍か、凍ったままゆでるなど加熱調理

オクラ

保存 暑い土地原産なので、冷やしすぎない。ネットのままだと乾燥するので、ポリ袋に入れて野菜室に。ぬれると黒くなる

冷蔵

ゆでて密閉容器に入れ、1～2日

冷凍 さっとゆでて（汁の実にするなら生でもよい）水気をふき、小口切りにして密閉容器か保存袋に

➔半解凍でおひたしや納豆に、凍ったまま汁の実などに

かいわれだいこん

保存

根をつけたまま、ふたをするかポリ袋に入れ、立てて野菜室に。スポンジが乾いていたら水をやる

冷凍　向かない

冷蔵

ゆでれば保存できるが、少しの量なので、それよりは食べきろう。汁の実や煮ものの青みにすればすぐ食べきれる

かぶ

保存

すぐ使わないときは、葉がついていたら切りとる。身（根）も葉もポリ袋に入れ、野菜室に。3～4日もつ

かぶとかぶの葉のあえもの

冷蔵

葉（茎も一緒に）はゆでて、水気をしぼり、密閉容器で2～3日。青菜として使う。葉はゆでずに、そのままいためてもよい

冷凍　葉はかためにゆでて水気をよくしぼり、小分けしてラップで包み、保存袋に

➔自然解凍または半解凍で汁や煮ものの青みに

かぼちゃ

保存 ●丸ごとなら、新聞紙に包んで冷暗所に。1か月ほどもつ

●切ったものは、ラップでしっかり包み、野菜室に。4～5日で食べきる。わたと種からいたむので、3日以上保存するなら、とり除いてから切り口をラップでおおう。水気をつけないように注意

冷凍 ◆切ってかためにゆでるか、電子レンジ加熱して切るかつぶし、小分けしてラップで包み、保存袋に

➔薄切りなら解凍してサラダなど、または凍ったまま加熱調理。つぶして冷凍すれば、スープなどにすぐ使える（熱いうちにつぶし、さめてから冷凍）

◆煮たものも冷凍できる

ワンポイント

古くなり、切り口がしなびて、わたが茶色っぽくなったら、切り口を厚めに切り落とし、種とわたも多めにとり除く

カリフラワー

保存
つぼみが開きやすいので早めに使う。ラップで包み、野菜室に

冷蔵
小房に分けてゆで、密閉容器に入れ、2～3日

冷凍 小房に分けて、かためにゆで、保存袋に

➔自然解凍でサラダなど、凍ったままか半解凍で加熱調理

きのこ（しいたけ・えのきたけ・しめじ・エリンギ・まいたけ・なめこ）

保存　●買った包装のままか、ラップで包み野菜室に。ポリ袋に入れるなら、口はしめずに。1週間ほどもつ。水に通すといたみやすいので、ぬらさない
●市販のきのこは清潔な環境で育つので、使う前に洗わなくてもよい。ふきんでふくか、表面をさっと洗うだけで充分。水に長くつけると風味が落ちる。
●なめこは、ざるに入れてさっと洗って使う

冷凍　生で冷凍できる。ぬらさずに（洗わずに）根元を除き、食べやすく切るかほぐして、1回分ずつラップで包み、保存袋に。エリンギは大きいので適当に切る
➔解凍すると水気が出るので、凍ったまま加熱調理

ワンポイント
●根元のかたい部分（石づき）や、栽培用のおがくずがついている部分は切り落とすが、それ以外は全部食べられる
●軸に白い綿のようなものがついているのは、菌糸できのこが成長した一部。害はない。かびの場合は灰色などで、すぐ全体にはびこるので見分けがつく

Q　**「しいたけは、ひだを上にしないと、胞子が落ちてかさが黒くなる」と聞いたけど、本当？**

A　日本きのこセンターの研究所ほか専門家によると、胞子が落ちてもかさは黒くならず、むしろ白くなるそう。黒っぽくなるのは、結露した水分をきのこが吸ったせいなので、水気を避けましょう。ぬらさずに、買ったときの包装やラップに包んで野菜室に入れますが、ポリ袋に入れるなら、口はしめないで。ラップと比べてポリ袋は通気性が低く、袋で密閉すると水っぽくなりやすいからです。一方、ネット袋のままでも3日くらいはもちますが、乾燥します。

キャベツ

保存

- 丸ごとなら、冬は新聞紙に包み、芯を下にして冷暗所に。ほかの季節はポリ袋に入れて野菜室に
- 使い始めたら、切るより外の葉からはがしていくほうがもつ。ポリ袋かラップで包んで野菜室に
- カットしてあるものはラップをかけて野菜室に
- 芯の切り口が茶色く変色している場合は、そこからいたむのでそぎ落とす

冷凍

ざく切りや角切りにし、さっとゆでて、または生で（色はゆでたものより悪くなる）、小分けして保存袋に

➔凍ったまま加熱調理

ワンポイント

- 売られているとき、外側が白いのは、外の葉を何回もむいているので避ける
- 葉をはがすには、葉のつけねに包丁で浅く切り目を入れて。芯に近づいてはがしにくくなったら、かたまりごと切っていためたり、スープ煮、ザワークラウトなどに。芯も薄切りにすれば一緒に使える

きゅうり

保存

ポリ袋に入れ、なるべくへたを上にして野菜室に。4～5日もつ。冬は冷暗所でも

冷凍

薄切りにし、塩もみしてしぼり、保存袋に（やや食感は変わる）

➔自然解凍して酢のものなどに

ワンポイント

たくさんあるときは、ピクルスや即席漬け、いためもの、汁の実などに使うとよい

Q きゅうりはすぐにやわらかくなってしまいます。長もちさせるには？　古くなっても食べられる？

A 上のように保存するか、食べきるのがベスト。5℃以下にすると腐りやすいので、冷やしすぎないようにします。古くなって、つるに近い部分がしぼんだように細く、フカフカになったら、その部分を切り捨て、薄く切って塩もみや酢のものにすると食べやすいでしょう。切り口が黄色くなったら、かたいのであきらめて。

クレソン

保存

- 袋から出しておくとしおれる。ポリ袋に入れて野菜室に
- 茎をコップの水にさすか、根元にぬらしたペーパータオルを当てて、全体をポリ袋でおおい、冷蔵庫に置くと4～5日もつ

冷凍

さっとゆで､しぼって適当に切り､分けてラップで包み、保存袋に

➡凍ったまま加熱調理

ワンポイント

残りそうなら、スープの実やおひたし、いためものに

ごぼう

保存

- 乾燥を防ぐのが大事。泥つきのほうが風味がよく、長もちする。泥つきは入っていたポリ袋のまま冷暗所に
- 洗いごぼうはラップで包むかポリ袋に入れ、野菜室に

冷凍

歯ごたえは少し悪くなるが、薄切りやささがきにして、さっとゆで、小分けして保存袋に

➡凍ったまま加熱調理

さやいんげん・さやえんどう

保存
乾燥しないようにポリ袋に入れて野菜室に。なるべく早く、3～4日で使いきる

冷蔵
筋があればとり、ゆでてラップで包むか密閉容器に入れ、2～3日

冷凍　筋があればとって、かためにゆで、小分けしてラップで包み、保存袋に
➔自然解凍して青みに、または凍ったまま加熱調理

ししとうがらし

保存
入っているパックごと野菜室に（こぼれ落ちそうならポリ袋に入れて）

冷凍
向かない

しその葉

保存　●密閉しなかったり常温に置くと、しおれたり変色したりする。下の方法で野菜室か冷蔵室におけば１週間ほどもつ
●口の広いびんに、茎がひたる程度の水を入れて、しそを立て、ふたをする。葉の部分に水がつくと黒くなるので注意。茎をぬれたティッシュで包んでもよい

冷凍
向かない。変色し、ベチャッとする

しょうが（根しょうが）

保存 表面を乾かしてからラップで包み、野菜室に。寒い時期なら室温でもよい

冷凍
汚れた部分を除き、水気をふいてから小分けしてラップで包み、保存袋に（ＳＯＳ参照）
➔凍ったまま調理

ワンポイント
残りそうなら、薄切りにして、たっぷりいためものや煮ものに。せん切りで炊きこみごはんに。また、甘酢漬けにすると、冷蔵で３か月ほどもつ

SOS しょうがを終わりまで使えたためしがないです。冷凍して解凍したら、ブヨブヨになって、すりおろせなくなってしまいました。

A 凍ったまま使うのがポイントです。しょうがの冷凍はいろいろなやり方があるので、自分の使いやすい方法でためしてください。

- １回分（10ｇくらい）ずつに切って
- すりおろして、ごく薄い板状にし、あとで割りやすいように箸などで筋を入れて
- みじん切りや細切り、薄切りにして
- よく洗って丸ごと冷凍し、必要なだけすりおろして、すぐ冷凍室にもどす

など。皮をこそげるかどうかはお好みで。

１回分

すりおろして

丸ごと

薄切り

recipe

しょうがの甘酢漬け（20ｇで９kcal）

①酢カップ１に砂糖40ｇ、塩小さじ1/3を加え、煮溶かします。
②しょうが300ｇは皮をこそげ（新しょうがなら汚れた部分だけをこそげとる）、薄切りか細切りにします。
③②をたっぷりの熱湯で１分ほどゆで、水気をきります。①の甘酢に漬けます。
＊すぐに食べられますが、２～３日たつと味がなじみます。新しょうがだと特においしい。

ズッキーニ

保存

高温を好むので、丸ごとなら常温保存。使いかけはラップで包み、野菜室に

冷凍

向かない。食感が変わる

せり

保存

根元に少し水をかけてポリ袋に入れ、野菜室に。2〜3日で使いきる

冷凍

向かない。変色し、筋っぽくなる

冷蔵　ゆでて密閉容器に入れ、1〜2日

recipe

ズッキーニのから揚げ（2人分・1人分 62kcal）

❶ズッキーニ１本（150ｇ）は長さを４等分に切り、縦半分に切ります。かたくり粉大さじ1/2を全体にまぶします。

❷サラダ油大さじ４を中温（170℃）に熱して①をカリッと揚げます（フライパンを少し傾けて油を集めると、少量の油で揚げられる）。塩をふるか、ぽん酢しょうゆをつけて食べます。

＊ズッキーニはほかに、オムレツに入れたり、ラタトイユ（カポナータ）、いためもの、電子レンジ加熱してナムルなどに。

セロリ

保存

- 葉と茎に分けてから、ラップかポリ袋で包んで野菜室に
- 葉のほうがいたみやすい。茎は3〜4日、葉は2日くらいもつ

冷凍

生で葉を茎ごときざみ、小分けしてラップで包むか、薄くして保存袋に
➡凍ったままスープやいためものに

ワンポイント

茎や葉は、たまねぎの端、パセリの茎などと糸でしばって束（ブーケガルニ）にし、スープや煮こみ料理の香りづけに使う

recipe

セロリの葉・茎　捨てないで！

このほかにも、スープの青みや、つくだ煮、いためものなどに。

セロリの葉のおかかまぶし

（２人分・１人分39kcal）

❶セロリの葉と細い茎計100gをさっとゆでてきざみ、水気をしぼります。
❷ごま油小さじ１でいため、しょうゆ・酒各小さじ２を入れていためます。けずりかつお１パック（3g）を混ぜます。

セロリの葉のバターいため

（２人分・１人分46kcal）

❶セロリ 2〜3本分の葉（約100g）の水気をとって、食べやすく切り、バター10gでいためます。
❷塩・こしょう各少々、しょうゆ小さじ1/2をふります。

だいこん

保存 ●葉つきなら葉を切り離す。ついたままだとスが入りやすい
●丸ごとなら、秋～冬は新聞紙に包み、葉のつけねを上にして冷暗所に立てかける。ほかの季節はポリ袋に入れて野菜室に
●使いかけは切り口をラップで包み、ポリ袋に入れて野菜室に

冷凍 ◆葉はゆでてしぼり、適当に切り、小分けしてラップで包み、保存袋に
➡凍ったまま調理
◆身（根）は風味が落ちるので向かない

ワンポイント
中にスが入る（スカスカになる）と、まずくなる。みそ汁くらいなら食べられなくはないが、手間のかかる料理はやめたほうがよい

recipe

だいこんの葉や皮　捨てないで！

だいこんの葉は栄養豊富な緑黄色野菜です。茎ごとゆでてきざみ、汁の実、ごはんに混ぜて菜めしに。葉先をつんで電子レンジで乾燥させ、ふりかけの具にも。皮を厚くむく料理で残った皮も、汁の実やきんぴら、漬けものに使えます。

だいこん葉のいり煮（４人分・１人分71kcal）

①だいこんの葉200ｇはさっとゆでて小口切りにします。
②油揚げ１枚の細切り、ちりめんじゃこ大さじ２（10ｇ）と①を油大さじ1/2でいためます。
③しょうゆ・みりん・酒各大さじ１で味をつけます。

だいこんの皮のきんぴら
（２～３人分・1/3量78kcal）

①だいこんの皮150ｇを棒状に切り、赤とうがらし1/2本の小口切り（代わりに最後に七味をふっても）とともに、油大さじ1でいためます。
②酒・しょうゆ各大さじ1、みりん大さじ1/2を加えていため煮にします。いりごま大さじ1と、ごま油小さじ1/2を混ぜます。
＊にんじんの皮を加えてもよい。

たけのこ（ゆでたけのこ）

保存

- 密閉容器に入れ、水につけて冷蔵。毎日水をかえれば約１週間もつ。真空パックのものも、あけたら同様にする
- 少量の残りならラップで包み、冷蔵

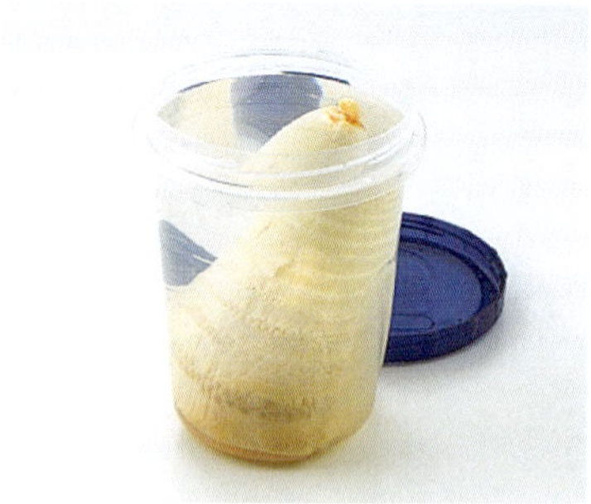

冷凍

食感が変わるので向かない。煮ものなどは細かく切って冷凍すれば食べられるが、やはり食感が変わる

たまねぎ

保存

- もつ野菜だが湿気を嫌う。紙袋やかごに入れるか、ポリ袋の口をあけて、風通しがよく、直射日光のあたらない場所に置く。夏はポリ袋で野菜室に
- 使いかけはラップで包み野菜室に。新たまねぎ、紫たまねぎも水分が多くいたみやすいので、ポリ袋に入れて野菜室に入れ、早めに使いきる

冷凍

◆生はにが味が出るので向かない

◆みじん切りにして、すき通るまで（写真は茶色くなるまで）いためるか、電子レンジでラップなしで加熱し、さめてから１回分ずつ保存袋に

➔カレーなどには凍ったまま、ハンバーグには解凍して

SOS たまねぎの芽が出た、腐った！

A 古くなると、押すとやわらかくなり、先から芽が出始めます。皮と一緒に、半透明に変色しているいたんだ部分を１～２枚むくと、ふつうに使えます。芯がいたんでいたら、そこもとり除きます。ただし、新たまねぎはもともとやわらかめです。

チンゲンサイ

保存 ポリ袋に入れ、なるべく立てて野菜室に

冷蔵 ゆでて密閉容器に入れ、2〜3日

冷凍
生のままざく切り（芯が少しコシがなくなる）、またはかためにゆで、小分けしてラップで包み、保存袋に
➡凍ったまま加熱調理

とうもろこし

保存
鮮度、甘味が落ちやすいので、買った日のうちにゆでるか電子レンジ加熱

冷蔵 ゆでてラップで包み、密閉容器で1〜2日

冷凍 かためにゆでて粒をはずし、薄くして保存袋に。丸ごとより味が落ちにくい
➡凍ったまま加熱調理

トマト

保存 ●青いものは、室温に置くと熟して赤くなる。赤くなったら野菜室に
●ポリ袋に入れ、野菜室に。へたのほうを下にするとつぶれにくい。ほかの野菜を上に置かない

冷凍 ◆丸ごとラップで包み、保存袋に。冷凍したものは水につけると皮がツルッとむける。または湯むきして、へたをとってから
➡凍ったままソース、シチューなどに
◆煮てソースにしてから冷凍してもよい
◆ミニトマトは、つぶれて皮が口に残るので、向かない

なす

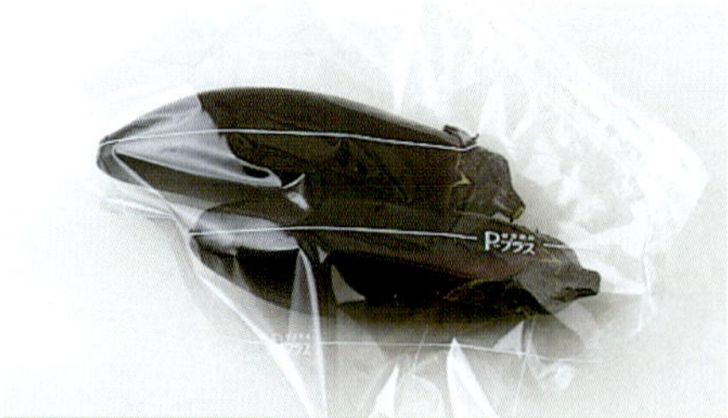

保存

- 低温に弱く、冷蔵するとかたくなったり、しなびたりする
- ぬらさずにポリ袋などに入れ、2～3日なら室温の涼しい場所に。それ以上なら野菜室に入れ、早めに使う

冷凍

茶色く変色し、向かない

ワンポイント

切り口から変色するので、切ったら半分残したりせず使いきりたい。みそ汁や塩もみにするとよい

Q なすを冷蔵庫に入れっぱなしにしておいたら、中に黒いボツボツができました。もう食べられない？

A 古くなると、しなびて、つやがなくなります。また冷蔵庫に長く置くと、黒い粒ができます。食べられますが味は落ちているので、みそいため、田舎煮など、味が濃い料理に。

菜の花

保存

ポリ袋に入れ、立てて野菜室に

冷蔵

ゆでて密閉容器に入れ、2～3日

冷凍

かためにゆでて水にとり、しぼって切り、小分けしてラップで包み、保存袋に

➔自然解凍でおひたし、凍ったまま加熱調理

にがうり（ゴーヤ）

保存
ポリ袋に入れて野菜室に。
丸ごとなら1週間くらいもつ

冷蔵　わたをとり、ゆでて密閉容器で2〜3日

●**わたのとり方**　縦半分に切って、スプーンで白いわたと種を一緒にとります。リングの形で使いたいときは、端を切ってから途中までわたをくり抜き、そこまで切って再びくり抜くというふうにすると、身が割れずにきれいにとれます。

冷凍
わたをとり、生で小口切りにする。小分けしてラップで包み、平らにして保存袋に
➔凍ったまま加熱調理

にら

保存
しおれやすいのでポリ袋に入れ、口をしめて野菜室に。ぬらさないこと。2日以内に食べきる

冷蔵
ゆでて密閉容器で2〜3日。おひたしのほか、納豆と混ぜてもおいしい

冷凍
生のまま食べやすく切って保存袋に
➔凍ったまま加熱調理

にんにく

保存　●保存がきくが、湿気が多いと、かびが生え たり腐ることも。網袋に入れて日かげの乾燥したところに置くか、つるす。または冷蔵庫に。特に夏場は冷蔵（ポリ袋などで密閉しないほうがよい）

●皮をむいてしまうと保存がきかなくなるので、使う分だけむく

冷凍　◆みじん切りにして

◆１片ずつ皮をむいて

◆丸ごと横半分に切って（中身だけ出しやすい）

ラップで包み、保存袋で

➡凍ったまま加熱調理

ワンポイント

油漬けやしょうゆ漬けにすると、すぐ料理に使え、もちもよい。室温で２週間ほどもつ（にんにくが黒くなるがだいじょうぶ）

SOS にんにくの芽が出てひからびた！

A 芽に害はありませんが、芽が出たり、ひからびたりしたにんにくは、おいしくないのであきらめて。

にんじん

保存

- ラップで包むかポリ袋に入れて野菜室に
- ぬれているといたむので、使いかけは水気をよくふき、切り口をラップで包む

冷蔵

ゆでて密閉容器に入れ、2～3日

冷凍

生で細切り、または薄切りにしてゆで、保存袋に

➔自然解凍、または凍ったまま加熱調理

Q にんじんのまわりが黒くなったらもうだめ？

A 表面の一部や切り口が黒くなった程度なら、皮をむき、いたんだ部分を厚めに切り捨てて、加熱する料理に使います。長くおいて乾燥し、木のようにかたくなったものは、加熱してもだめなので、あきらめます。

葉ねぎ（万能ねぎ・あさつき・わけぎ）

保存

ポリ袋に入れて野菜室に

冷凍

万能ねぎは小口切りにし、小分けして保存袋か密閉容器に

➔半解凍で薬味か、凍ったまま汁の実などに

ねぎ（長ねぎ、根深《ねぶか》ねぎ）

保存

- 冬の泥つきねぎなら、泥を落とさず袋のまま、涼しい場所に、根を下にして立てておくと10日ほどもつ
- きれいなものは、適当な長さに切ってラップで包み、野菜室に

冷凍　小口切りにし、薄くして保存袋に
➔凍ったまま汁の実やいためものに。解凍して薬味にするのは向かない

ワンポイント

青い部分も小口切りやせん切りにすれば、汁ものに使える。かたくて食べにくい場合は、スープやいためものの香りづけに。青い部分は冷凍もできる

Q ねぎの芯がかたくなったり、大きくなってスカスカになったりしたのは、もう使えない？

A その芯の部分をとり除けばだいじょうぶ。白い部分を使いましょう。

パセリ

保存

長もちさせるには、水にくぐらせてから水気をきり、ポリ袋などに入れて冷蔵庫。またはコップに水を入れてパセリをさし、ポリ袋をかぶせて冷蔵庫に。倒さないように注意

冷凍　水気をよくとり、みじん切りにして、薄くして保存袋か密閉容器。または葉をつんで保存袋に。凍ってから袋をもむと、細かくなる
➔凍ったまま使う

ワンポイント

茎はスープやソースの香りづけに（ブーケガルニ➔P.46）

はくさい

保存

- 冬で丸ごとなら、新聞紙に包み、涼しい場所で芯を下にして立てかけておくと、2週間ほどもつ（横にすると重みで下になった部分がいたむ）
- 切り口からいたむので、なるべく葉を１枚ずつはがして使う
- 室温が高い場合はポリ袋に入れて野菜室に
- カットしたものはラップでぴったり包み、できれば立てて野菜室に

冷蔵

ゆでて密閉容器で2〜3日。おひたしやあえものに

冷凍

生で細切り、またはざく切りをさっとゆで、水気をしぼって保存袋に

➔凍ったまま加熱調理

Q はくさいの切り口が盛り上がったのは食べられる？ごまみたいな点々がついたのは平気？

A カット売りの芯の部分がふくらんでいるのは、日がたって成長したためなので、買ったらすぐに使いきりましょう。ただし保存中にふくらんできても、充分食べられます。黒い斑点は、病気ではなく、生育上の生理反応によるもの。味はほとんど変わらず、食べても害はありません。

ブロッコリー

保存

- 野菜室よりも、魚と同じ低温のほうがもつので、ポリ袋などに入れて口をとじ、冷蔵庫のあればチルド室に。できれば軸を下にする
- つぼみが開いて変色しやすいので、2〜3日で使いきる

冷蔵

小房に分け、ゆでて密閉容器に入れ、2〜3日

冷凍

小房に分けてかためにゆで、小分けして保存袋に

➔自然解凍でサラダなど、または凍ったままか半解凍で加熱調理

recipe

ブロッコリーの茎

ブロッコリーの茎と葉のいためもの

（2人分・1人分59 kcal）

①ブロッコリーの茎と葉1株分（150g）の葉をはずし、茎はかたい皮を切りとって薄い輪切りにします。湯に塩少々を入れ、葉と茎をかためにゆでて水気をきります。

②サラダ油大さじ1/2を熱して①をいためます。塩・こしょう各少々で味をととのえ、しょうゆ小さじ1を回しかけ、けずりかつお少々をかけます。

捨てないで！

茎は、かたい皮をむいて小房（つぼみ）と一緒にゆでましょう。
薄切りやせん切りにすれば、小房と同じに使え、冷凍もできます。

ブロッコリーのごまあえ
（2人分・1人分42 kcal）

①ブロッコリー1/2株（150ｇ）は小房に分け、茎はかたい皮を切りとって、薄切りにします。さっとゆでて、水気をきります。
②すりごま(白)大さじ1、酒・しょうゆ・だし各大さじ1/2を合わせます。①をあえます。

冷凍ブロッコリーのココット
（2人分・1人分248kcal）

＊冷凍していない材料でも作れます。
①冷凍したブロッコリー100ｇは、さっと水をかけて半解凍し、水気をふきます。
②冷凍したベーコン（→P.27）1枚は、凍ったまま細切りにします。
③卵1個、コーヒー用クリーム4個（または生クリーム20ｇ）、塩・こしょう各少々を混ぜます。
④型に①②を入れ、③をかけます。粉チーズ大さじ1/2を散らし、オーブントースターで6〜8分、表面に少し焼き色がつくまで焼きます。

ハーブ

保存 パックのまま野菜室に。バジルは2～3日で使いきる。ローズマリーやタイムはぬらしたティッシュで根元を包み、密閉容器に入れると１週間以上もつ

ワンポイント

余ったらハーブティーやハーブバターに。ハーブティーは適量（葉ものなら１人分軽くひとつかみ）をちぎってティーポットに入れ、熱湯をそそいでふたをし、3分ほど待つ。量と時間は好みで調節

冷凍

- 洗わずに小分けしてラップで包み、保存袋に
- バジルの葉は、色が変わるが香りは残るので、加熱調理用に。１枚ずつか１回分ずつラップで包み、保存袋に

➡凍ったまま調理

ピーマン・カラーピーマン

保存

- ポリ袋などに入れて野菜室に。古くなると、見た目が変わらなくてもにがくなったり腐ったりするので、早めに食べる
- 緑のピーマンを室温に置くと赤や黄色になることがある。熟しただけなので食べられる

冷蔵

ゆでて密閉容器に入れ、1～2日。ゆでるとにおいがやわらぐ

冷凍

へた、種をとって生のまま細切り。小分けしてラップで包み、保存袋に（少しゆでたような食感になる）

➡自然解凍でサラダなど、または凍ったまま加熱調理

みず菜

保存

ポリ袋に入れて野菜室に

冷蔵

ゆでて密閉容器に入れ、1～2日

冷凍

生で食べやすく切り、小分けして保存袋に。ゆでて冷凍すると筋っぽくなる

➔凍ったまま加熱調理

みつば

保存

しおれやすいので、ポリ袋か買ったパックのまま野菜室に。スポンジが乾いていたら水をやる

冷蔵

ゆでて密閉容器に入れ、2～3日。おひたし、あえものや煮魚の青みに

冷凍　向かない

根を植えて「うちの野菜」

根みつばやせり、万能ねぎなどは、食べたあとも、根に茎を少しつけて切り、プランターに植えておくと、また生えてきます。ねぎの根からは青ねぎが出ます。たくさんはとれませんが、青みなどに使えてうれしいものです。みつばはコップの水にさしておいてもＯＫ。ただし水は1～2日ごとにかえます。

みょうが

保存

密閉容器かラップで包んで野菜室に。ぬらさないこと。鮮度が落ちると香りがなくなるので、少量買って使いきる

冷凍

向かない

ワンポイント

余りそうなら、みそ汁の吸い口、いためものや天ぷら、酢漬けに

もやし

保存

- 空気にふれると変色しやすいので、使いかけは袋の中の空気をできるだけ抜き、口をとじて冷蔵室か野菜室に。いたみやすいので1～2日で使いきる
- 水につけない。水溶性のビタミンが流れ出てしまい、雑菌も増えやすい

冷蔵

残りそうなら、さっとゆでて（電子レンジ加熱でも）、酢じょうゆであえたり、ラーメンにたっぷりのせたりして食べてしまおう。ゆでて密閉容器に入れ、2～3日

冷凍　向かない

Q もやしが茶色くなってしまったら、食べられない？

A 多少変色して少しいやなにおいがする程度なら、茶色くなったひげ根をとると、においがとれます。しかし、水分が出てべとついてきたら、もう使えません。

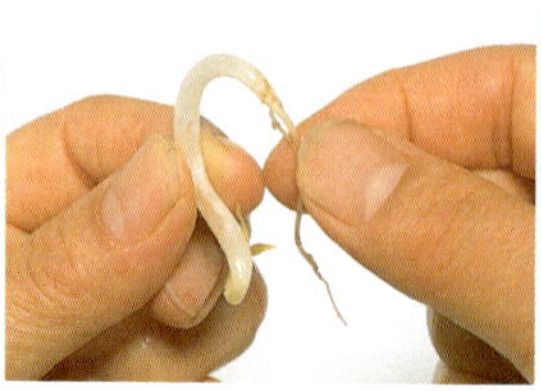

モロヘイヤ

保存

ポリ袋に入れて野菜室に。いたみやすいので早く使い、残りはゆでて保存する

冷蔵

ゆでて密閉容器に入れると2日はもつ

ワンポイント

葉をつんで使う。ゆでておひたしや酢のものに、生でいためものや天ぷら、きざんでスープやみそ汁に

冷凍

ゆでてから、きざんで小分けし、保存袋に

➔凍ったまま加熱調理

れんこん

保存

- 丸ごとは、新聞紙に包むかポリ袋に入れて野菜室に
- 使いかけは切り口をラップでおおってポリ袋に入れ、野菜室に

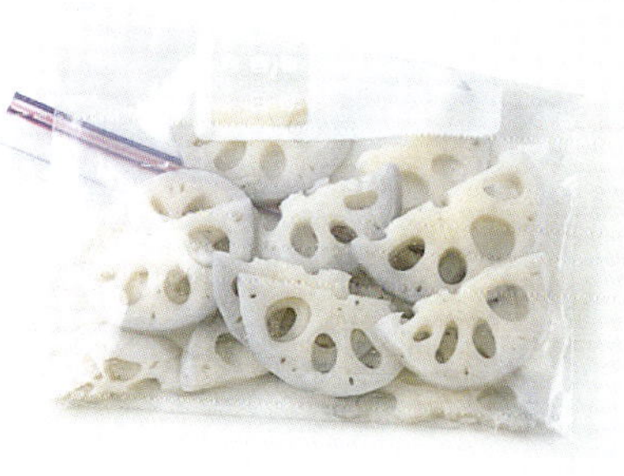

冷凍

5mm程度の厚さに切り、かためにゆでて保存袋に

➔凍ったまま加熱調理

野菜

レタス・サニーレタス・サラダ菜

保存

● 葉が折れたり破れていると、そこからいたむので、その葉ははずす。ラップで包むかポリ袋に入れ、芯を下にして野菜室に

● 芯の切り口が茶色くなっていたら、そこからいたむので少し切りとる。レタスは芯の切り口から出る乳状の液がいたみのもとなので、芯をくり抜いて保存すると、鮮度が落ちにくい

冷凍　向かない

ワンポイント

残りそうなら、さっと火を通すと、かさが減って量を食べられる。いためもの、スープの実などに。特に外側の緑色が濃い葉はかたいので、加熱すると食べやすい

スープ

いためもの

recipe

レタスの油がけ（2人分・1人分73kcal）

①ねぎ1/4本と、しょうが1かけ（10g）をせん切りにします。水にさらして水気をきります。

②しょうゆ小さじ1、酒大さじ1、塩少々を混ぜます。

③レタス約1/4個（100g）を大きくちぎり、ざるにのせます。食べる直前にレタスに熱湯を回しかけ、水気をよくきって皿に盛ります。

④③に①をのせて、②をかけます。ごま油大さじ1を小鍋で熱して、かけます。

レモン・ゆず

保存

● ラップで包むか密閉容器に入れて野菜室に

● 使いかけは切り口をラップでしっかり包み密閉容器に（切り口からいたむので、2〜3日で使う予定がなければ汁と実に分けて使うか、冷凍）

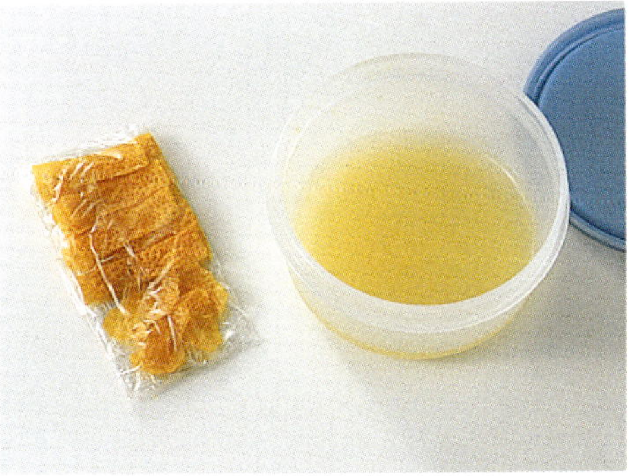

冷凍

◆ 丸ごとラップで包むかポリ袋に入れて密閉

➡凍ったまま皮をそぎ切りか、すりおろし、すぐ冷凍にもどす

◆ 皮はそぎ切りやせん切りにし、ラップで包んで保存袋に。汁が多ければしぼって密閉容器で（製氷皿で少量ずつ凍らすと分けやすい）

➡皮は凍ったまま、汁は自然解凍

recipe

ゆずの箸休め（全量81kcal）

❶皮を使ったあとのゆずの中身１個分（正味約60ｇ）は、種をとって細かくきざみます。

❷砂糖大さじ１1/2を混ぜ、しばらくおいて味をなじませます。

＊同様に、レモンの輪切りを砂糖漬けにしてもおいしい。

いも・栗

＊いも類は、基本的に冷蔵庫に入れなくてもだいじょうぶ。日のあたらない**涼しい場所**（冷暗所）に置きます。ただし、夏は冷蔵庫の**野菜室**に。使いかけのものは、ラップで包んで密閉容器にまとめ、野菜室か冷蔵室に入れます。

さといも

保存

● 低温と乾燥に弱い。また泥つきをポリ袋に密閉したままにすると腐りやすい

● 約１週間までなら泥つきのまま新聞紙に包むか、ポリ袋の口を開いて冷暗所に。それ以上の保存なら、泥を洗って乾かしてから、新聞紙に包むか紙袋で冷暗所に

冷凍

◆ かためにゆでるか電子レンジで加熱し、食べやすく切って保存袋

➔ 凍ったまま加熱調理

◆ 煮たものも冷凍できる

➔ 凍ったまま加熱、または自然解凍

さつまいも

保存

● 適温は13〜15℃で、冷蔵するといたみやすいので、新聞紙に包んで室温に。ポリ袋などで密閉すると呼吸できないため、むれていたむ

● 使いかけはいたみやすいので、ラップで包み野菜室に

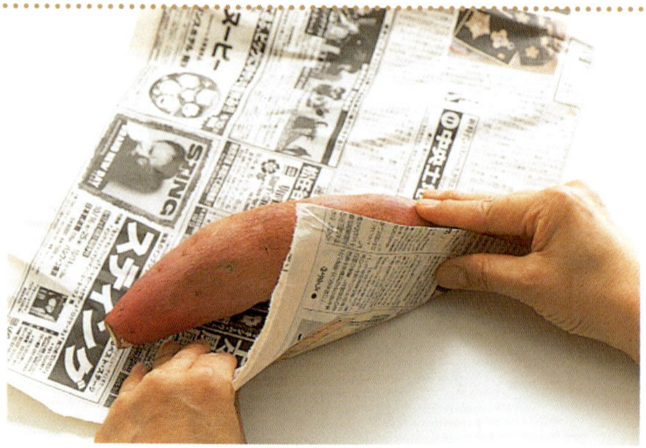

さつまいも

冷凍

切ってゆでるか、ゆでて（電子レンジ加熱でも）熱いうちにつぶし、さめてから薄くして保存袋で
➡自然解凍、または凍ったまま加熱調理

recipe

さつまいもの皮　捨てないで！

皮を厚くむく料理が多いので、捨てずに活用しましょう。
中身と一緒に煮たり、汁の実に。
油でじっくりいためて砂糖をふるか、甘酢あんをかけてもおいしい。

さつまいもの皮のきんぴら
（2人分・1人分139kcal）

❶さつまいもの皮120ｇは細切りにして、水にさらし、水気をきります。
❷赤とうがらし1/2本は種を除いて輪切りにします。（代わりに最後に七味をふってもよい）
❸鍋にごま油大さじ1/2を熱し、②、①をいためます。
❹みりん・しょうゆ・酒各大さじ１と水大さじ２を加え、ふたをして弱火で３分ほど煮ます。
❺ふたをとり、強火にして汁をとばし、いりごま小さじ１を加えます。

じゃがいも

保存　●温度が高いとしなびやすく、光に当たると芽が出やすい。ポリ袋から出し、新聞紙に包むか紙袋に入れて冷暗所に

●暑い時期はポリ袋に入れて野菜室に。使いかけもラップをかけて野菜室に

冷凍

食感が変わるので向かない。保存がきくので、冷凍する必要はない

SOS 台所にじゃがいもをころがしておいたら、芽が出た！

A じゃがいもは太陽や照明にあたると光合成を始め、出てきた芽や緑色になった皮に、ソラニンという有毒物質を含むようになります。そこの皮を厚めにむき、芽の部分を深くえぐりとれば食べられます。光をあてないように保存し、こうなる前に食べましょう。

やまのいも

保存

新聞紙に包んで涼しい場所に。使いかけは、切り口をラップで包んでポリ袋に入れ、野菜室に

冷凍　生のまま細切りか、すりおろして保存袋で

➡自然解凍

ワンポイント

少量残ったら細切りにして汁やあえもの、サラダに、すりおろしてみそ汁、やまかけに

栗

保存

市販のものは、たいてい虫止め（燻蒸《くんじょう》処理）をしてあるが、完全に虫が死ぬとは限らないので、早めに食べる。家や畑でとれた無処理のものは、数日で虫が出て、全部がだめになることもあるので、翌日くらいまでに調理する。使うまでの間は、むれないように新聞紙に包んで冷蔵庫の野菜室か冷蔵室に

冷蔵

ゆでたものは、密閉容器などに入れて4～5日

冷凍

◆ゆでるか蒸して、保存袋に。あとで加熱調理するなら、かために加熱。生でも冷凍できるといわれるが、虫が残っているといけないので、加熱してから冷凍するほうがよい

◆殻（鬼皮）と渋皮はむいても、むかなくてもよい

➡そのまま食べるなら自然解凍、加熱調理するなら凍ったまま

残った野菜も無駄にしない！

はんぱな残り野菜も、おいしい料理になりますよ。
週1回は在庫を確認して、総ざらいを。
残った野菜は切り口をラップで包み、容器にまとめておくと、
すぐにとり出せて忘れずに使えます。

野菜たっぷりスープ

（2人分）

❶たまねぎ、にんじん、キャベツなど150～200ｇを色紙切りにします。
❷湯カップ2に固形スープの素1/2個を入れ、野菜をやわらかく煮ます。塩、こしょうで味をととのえます。

ピクルス（4人分）

❶きゅうり、セロリ、赤ピーマンなど約400ｇを食べやすく切ります。
❷鍋に漬け酢の材料＜にんにく１片（皮をむく）、水カップ1/2、砂糖大さじ１、酢大さじ３、サラダ油大さじ1/2、塩小さじ2/3、粒こしょう小さじ1/2、ローリエ１枚＞を混ぜ、一度沸とうさせます。
❸湯カップ2をわかして塩小さじ１を入れ、野菜を入れ、もう一度沸とうしたら引き上げて、漬け酢に30分以上つけます。
＊冷蔵庫で３～４日もちます。
＊ほかにたまねぎ、にんじん、かぶ（以上は生で）、ブロッコリー、カリフラワー、かぼちゃ、れんこん（以上はさっとゆでて）なども向きます。

みそ漬け（4～5人分）

❶厚手のポリ袋や密閉容器に、みそ60ｇ、みりん大さじ１を入れて混ぜます。
❷きゅうり、だいこん、かぶ、にんじん、セロリ、キャベツの芯など約300ｇを食べやすく切って、２時間～半日つけます。
＊みそは２～３回使えます（だいたい10日以内に使う）。

即席漬け（4人分）

❶キャベツ、きゅうり、にんじんなど約300ｇを食べやすく切って、厚手のポリ袋に入れます。
❷塩小さじ2/3を加え、袋ごともんで混ぜます。空気を抜きながら口を結び、時々もみながら30分ほどおきます。
＊しょうがやみょうがを入れてもおいしい。

オーブン焼き

❶にんじん、ピーマン、たまねぎ、ねぎ、なす、いも類、かぼちゃ、きのこ、ミニトマトなどの野菜適量を食べやすく切って、オーブン皿か耐熱容器に並べます。
❷オリーブ油適量を全体にかけ、塩、こしょうをふって、220℃のオーブンで約10分焼きます。
＊マヨネーズをかけて焼いてもよい。

くだもの

＊熟したものは新鮮なうちに、未熟なものは室温で食べごろを待って（追熟《ついじゅく》させて）食べます。冷蔵庫に入れないほうがよいものもあるので注意を。

＊実を守る成分が皮にあるので、洗わないで保存し、食べる分だけ洗うほうが長もちします。

＊冷凍はバナナ、ブルーベリーなど一部のもの以外、水っぽくなるので、向きません。食感が変わってもよいつもりなら、おためしを。熟した柿やいちごはシャーベットのようになります。

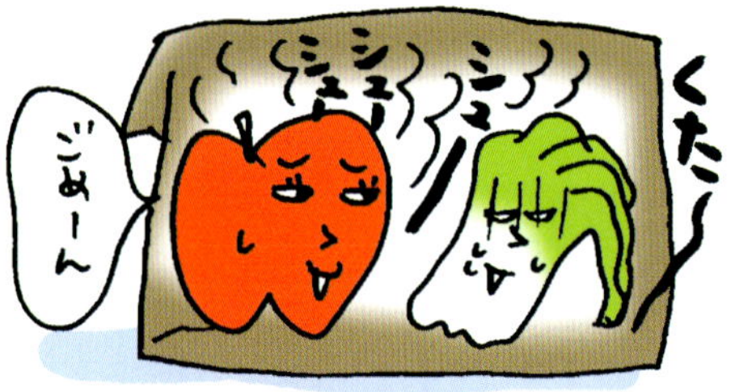

りんごは、成熟(老化)のためのエチレンガスを多く出します。野菜を一緒に置くと野菜がいたむので、りんごはポリ袋などに入れ、口をしっかりしめます。逆に未熟でかたいキウイフルーツや柿を、りんごと一緒にポリ袋に入れておくと、早く追熟します。

冷蔵庫に入れる（冷蔵室か野菜室）

いちご

売っているパックからとり出し、なるべく重ねないで１列に容器に並べ、ラップかふたをする。食べきれなければ、砂糖と煮るか電子レンジ加熱して、ジャムにするとよい。または砂糖をまぶして冷凍し、半解凍で食べる

さくらんぼ・ぶどう

ラップやポリ袋で包む。日もちが悪いので早く食べる

りんご

ほかのものと分けてポリ袋に入れ、口をしっかりしめる

ほかのほとんどのくだもの

未熟なものと熱帯産のもの以外は冷蔵

冷暗所
室温が高ければ野菜室

みかん

箱なら、一度全部出していたんだものをとり出す。ほうっておくとまわりもいたむ

熟すまで室温
食べごろになったら冷蔵庫

冷やしすぎると味が落ちるので、食べる1～2時間前に冷蔵庫に入れる

アボカド

皮が緑色でかたいものは室温に置く。皮が黒く、へたが浮く感じになったら食べごろ。使い残しは、切り口にレモン汁をふって（変色を防ぐ）ラップをかけ、冷蔵

洋なし

かたいうちは未熟。皮が緑から黄色になり、香りが強くなって、やわらかくなったら食べごろ

もも

かたいものは未熟。下のほうまで色づいたら食べごろ

キウイフルーツ

かたいものは未熟

メロン

おしりを押して、やややわらかければ食べごろ。日付表示があれば従う

室温

バナナ、パパイヤ、マンゴー、パイナップルなど南国産のもの

- 冷蔵庫に入れると低温障害を起こす
- ただし、食べる前に1～2時間冷蔵庫に入れるのは問題ない

SOS バナナを冷蔵庫に入れておいたら黒くなった！

A バナナは寒さに弱いので、冷蔵庫に入れないようにします。皮がふれたところからいたみやすいので、S字フックやハンガー、口の広いびんを利用してぶらさげるか、谷形でなく山形に置くとよいでしょう。黒い斑点は甘味が増している証拠。冷凍もでき、凍ったまま食べられます。皮をむき、ラップで包んで保存袋に。割り箸を刺して冷凍するとスティックバナナになります。

とうふ類・こんにゃく

どれも**冷蔵**が基本。油揚げ、納豆は冷凍できます。

とうふ

保存

● 冷蔵で消費期限まで。とうふ店のものは水につけ翌日まで

● 残ったら密閉容器に入れ、かぶるくらいの水につけて冷蔵。1～2日で使いきる

ワンポイント

密封パックや充てんのとうふは洗わなくてよい。気になればボールの水にさっと通す。とうふ店で水に放してあるものや一度開封したものも、水に通す

冷凍

◆ 水が出て食感が変わるので向かない。しかし高野どうふのようになるので、わざとそうするなら、煮ものなどにして食べられる。切ってから冷凍すると、すぐ使える

➔ 自然解凍

Q 麻婆豆腐をよく作りますが、つい作りすぎに。冷凍保存できる？

A とうふを小さくして冷凍すれば食べられないことはありませんが、とうふの水が出て、違う食感になります。とうふが入った料理の冷凍はやめたほうが無難。冷蔵して翌日食べるほうがよいでしょう。

油揚げ・生揚げ

保存

揚げてあるので、時間がたつと油が酸化し、味が落ちる。冷蔵で生揚げは1～2日、油揚げは3～4日

冷凍

◆ 油揚げは向く。熱湯をかけて油抜きしてから（こうすると味が落ちにくい）、小分けしてラップで包み、保存袋に。切ってから冷凍すれば、そのまま使える

➔ 凍ったまま加熱調理

◆ 生揚げ（厚揚げ）は向かない。がんもどきは少し食感が変わるが、できる

納豆

保存 冷蔵で約10日。賞味期限をめやすにするが、多少過ぎても食べられる

ワンポイント
日がたって白い結晶が出てくるのはチロシンというアミノ酸の一種。害はないが味は落ちる

冷凍 パックごとポリ袋に入れて。冷凍しても納豆菌は死なない

➔自然解凍

こんにゃく・しらたき

保存 袋入りのものは、開封せずに、中の水につけておくほうがもつ。残ったら、乾燥を防ぐため水につけ、冷蔵して数日以内に使う

冷凍 水が出てスカスカになるので向かない。わざと冷凍して、天ぷらなどにして歯ざわりを楽しむこともある

ワンポイント
洗って下ゆでしてから使う。まとめて下ゆでし、容器に入れておくと、煮ものやあえものにすぐ使える。ゆでたものは水につける必要はない。冷蔵して2～3日で使いきる

recipe

冷凍の納豆じゃこうどん
（2人分・1人分312kcal）

＊冷凍していない材料でも作れます。
＊好みで、つゆは冷たいままでも。

①冷凍のちりめんじゃこかしらす干し(P.20)大さじ2、納豆1パック（50ｇ）は解凍します。
②ゆでうどん（冷凍でも）2玉（400ｇ）を表示どおりゆで、水で洗って水気をきります。
③めんつゆを、かけつゆ用に表示どおりに薄めてカップ2にし、沸とうさせます。
④うどん、①を器に入れ、つゆをそそぎます。冷凍の万能ねぎ（P.53）適量(3本分)を、凍ったまままか半解凍で散らします。混ぜながら食べます。

乾物・海藻

＊乾物はもともと保存がきく食品ですが、湿気を吸いやすく、高温にも弱いもの。かびが生えたり、風味が落ちたりします。

＊基本は缶、びんや保存袋、密閉容器で**密閉**し、乾燥して日光のあたらない**涼しい場所**に置くこと。スペースがあれば冷蔵、ものによって長期保存なら冷凍すると安心です。なるべく少量ずつ買って早めに使い、特に梅雨入り前には使いきるか、冷凍します。冷凍したものは、湿気を吸わないよう、常温にもどしてからあけます。

＊水でもどして使うものは、こんぶ以外はさっと洗ってからもどします。

のり

保存 ●缶や密閉容器、保存袋に乾燥剤（買ったときに入っている）と一緒に入れ、室温。切っておくとすぐ食べられる

●未開封のものは冷蔵か冷凍。ただし、とり出してすぐ開封すると、温度差で湿気を吸ってしまう。袋ごとしばらく常温にもどしてからあける

●しけたらさっとあぶるか、つくだ煮に（下段）

きくらげ

保存 密閉して室温。水でもどし、石づき（かたい部分）を除いて使う。もどし汁は使わない

切り干しだいこん

保存 密閉して室温。残ったら冷蔵か冷凍。冷凍すると変色しにくい

recipe

のりのつくだ煮（約10人分・1/10量11kcal）

①焼きのり３枚（しけたものでもよい）を小さくちぎります。

②鍋に水カップ１、砂糖・みりん各大さじ１、しょうゆ大さじ２と①を入れ、時々かき混ぜながら弱火で15分ほど煮ます（ふたはしない）。煮汁が少なくなり、とろりとしたらできあがり。

＊しいたけや、七味とうがらし、粉さんしょうを加えても。

けずりかつお

保存　薄くけずってあるので酸化しやすく、風味がとびやすい。早めに使いきれる量を買い、開封後は密閉して冷蔵

高《こう》野《や》どうふ

保存　密閉して缶か箱に入れ、光を避けて室温。脂肪が多く酸化しやすいので、早めに使う

こんぶ

保存　●密閉して室温。5～10㎝程度にはさみで切って缶などに入れておくと便利

●表面の白い粉はうま味成分なので、洗わず、ほこりなどを軽くふくだけにする

ひじき

保存　●密閉して室温
●もどすと驚くほど量が増える。もどしすぎたら、サラダや保存のきく煮ものに

干しえび　さくらえび　煮干し

保存　密閉して1か月程度なら冷蔵、それ以上なら冷凍

干ししいたけ

保存　●密閉して室温
●水につけて冷蔵しておくと、すぐ使える。4～5日以内に使う

わかめ

保存　●乾燥わかめは冷暗所
●塩蔵わかめは光を通さない容器で冷蔵して、1～2か月

きくらげののりあえ（4人分・1人分44kcal）

①きくらげ15ｇは水でもどして、石づきをとり、大きいものは半分に切ります。さっと湯に通して水気をきります。
②きゅうり1/2本は小口切りにし、塩小さじ1/8をふります。5分ほどたって水気が出たら、しぼります。
③焼きのり2枚は細かくちぎります。
④砂糖小さじ1/2、酢大さじ２、しょうゆ・ごま油各大さじ１を合わせ、全部をあえます。

穀類

＊米、乾めんなど乾燥したものは冷暗所に。製品の袋だけでなく、缶、びん、密閉容器、保存袋などに入れて密閉すると、湿気やかび、虫を防ぎます。
＊冷蔵の温度は、でんぷんの老化がいちばん進みます。ごはんやパンはボソボソになって味が落ちるので、冷蔵は避けます。すぐに食べないなら、冷凍するほうがおいしさを保てます。

米

保存

- 清潔で乾燥した容器に移して（または袋のまま密閉容器）、涼しい場所に。夏はスペースがあれば冷蔵庫の野菜室に入れると、味が保てる
- 容器に古い米やぬかが残っていると、新しい米がまずくなるので、容器は米を買うごとにきれいにふき、乾かす

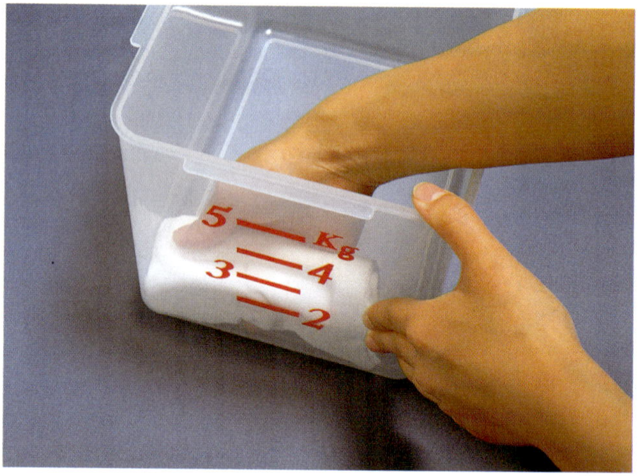

ワンポイント

表面のぬかに含まれる脂肪が酸化して味が落ちやすいので、精米したてのほうがおいしい。2～3週間で食べきれる量を買うと理想的

ごはん

保存

- 冷蔵すると味が落ちるので、すぐ食べないなら冷凍する

ワンポイント

炊飯器の保温機能で長くおくと、ごはんが変色することがあるし、電気も無駄。数時間にとどめよう

冷凍

炊きたてのごはんを１食分ずつラップで包み、さめてから保存袋に

➔凍ったまま電子レンジで加熱解凍

SOS 冷凍するときの「ごはんの１ぜん分」がどのくらいなのかわかりません。

A 一度、ごはん茶碗にラップを敷いて、よそってみるといいですよ。そのあと、平らにします。慣れれば目分量でわかるはず。ちなみに中くらい１ぜんは約150ｇ、軽めは120ｇくらいです。

めん

保存

- 乾めんやパスタは、しけないように密閉して湿気の少ないところに。約１年で食べきるとよい。開封後は口をしっかりとじて密閉し、早めに食べる
- ゆでめんは冷蔵

もち

保存

●真空パックされているものは室温。製品の表示どおりに保存する

●切りもちは、1個ずつラップで包んで保存袋に入れると乾燥が防げ、ひび割れしにくい。または密閉容器に立てて詰め、冷蔵で約1週間。からしやわさびを一緒に入れると、かびを抑える

立てて入れるととり出しやすい。なるべくぎっしり入れて空気とふれにくくする

冷凍 乾燥を防ぐため1つずつラップでぴっちり包み、保存袋に

➔半解凍程度でオーブントースター（余熱を利用するとよい）や電子レンジで加熱

ワンポイント

もちのかびは、表面だけとり除いても、中まで侵入していることがある。体に悪いので、かびが生えたもちは捨てるほうが安全

recipe

かたくなったパンや パンのみみ　捨てないで！

こうすればおいしく食べられます。かたくなったパンは、すりおろしてパン粉にしてもよいでしょう。

フレンチトースト（2人分・1人分348kcal）

❶卵1個と牛乳カップ1を平らな容器で混ぜ、食パン（6枚切り）2枚を10分ほどひたします。途中裏返します。

❷バター大さじ1で両面を焼きます。はちみつ大さじ1をかけます。

＊バターはサラダ油でも、はちみつは砂糖適量でも。

パン

保存 冷蔵は味が落ちるので常温か冷凍が基本だが、ハム、卵など生ものを具にしたパンを翌朝食べたい場合などは、ラップをかけて冷蔵

冷凍 ◆小分けしてラップで包み、保存袋に。大きなパンは切ってから

➔凍ったまま焼く。焼いたあと、しばらくトースターの庫内において余熱を使うとよい。厚みのあるパンは、しばらく自然解凍してから焼くのが無難

◆サンドイッチは、野菜サンドは水気が出てしまうので避ける。いり卵やハムなら冷凍可

➔自然解凍

パングラタン

●耐熱容器にちぎったパンを入れ、卵と牛乳を混ぜてかけ、たまねぎのみじん切りやベーコン、チーズをのせて焼きます。

パンのみみの揚げパン

●油で揚げて、熱いうちにグラニュ糖やシナモンシュガーをふります。

＊みみはほかに、クルトンにしてスープやサラダに。小さく切って、油でカリッといためるか、電子レンジで乾燥します。

調味料

＊冷蔵の必要がないものが多いので、使わないときは暗くて温度変化の少ないところに。開封後、冷蔵したほうが風味が保てるのは、しょうゆ、酒、みそ、マヨネーズなど。特に夏場は冷蔵庫に入れましょう。

＊ふたのあけっぱなしや、スプーンを入れたままにしたり、調理に使っている途中のスプーンを入れたりするのは変質のもと。清潔なスプーンを使います。

砂糖

保存 長くもつので賞味期限の表示も義務がないほど。虫がつかないように密閉容器で（売っているときの袋では不充分）、温度や湿度の変化が少ない場所に。黄色くなっても無害なので使える

かたまったら、くだいて使うか、ポリ袋に入れ、霧をふいて口をとじ、1日おくとサラサラにもどる

塩

保存 長くもつが、湿気を吸いやすい。密閉容器で日のあたらない湿気の少ない場所に。ぬれた手でさわらない。塩も砂糖も開封したら、しっかりふたがしまる容器に入れかえる。間違えないよう、はっきり区別できる容器にするとよい

しょうゆ

保存 冷暗所か、冷蔵。夏は冷蔵庫に。開封後約１か月がめやす。食卓用などに小分けしたら、つぎたしを続けない。雑菌が繁殖する。なくなったらきれいに洗い、乾かしてから次を入れる

酢

保存　賞味期間が約2年と保存がきく。開栓後は、ふたをしっかりしめて冷暗所、夏場は冷蔵庫に。たまに白いモロモロした物質ができるのは、空気中にいる酢の発酵菌と反応したもの。無害だが、風味が落ちるので、食用はやめ、まな板の殺菌などに使う

みそ

保存　保存がきく食品で、賞味期限がきれてもすぐにはいたまない。開封前は冷暗所、開封後は空気にふれないように密閉して冷蔵。空気にふれるとカチカチになるので、袋入りなら口をしっかりしめて密閉容器か保存袋に。容器入りなら表面にラップを密着させてから、ふたをする

Q　みその上に、しょうゆのようなものがたまってきたが、だいじょうぶ？

A　熟成したためにできるおいしい成分なので、捨てずによく混ぜて使います。

みりん

保存　暗くて温度変化の少ない場所に。開栓後は栓をしっかりしめ、数か月で使いきる。低温だと結晶しやすいので冷蔵は避ける（アルコール分のないみりん風調味料は冷蔵）。そそぎ口などにできる白いかたまりは糖分の結晶で無害だが、たれたとき、口のまわりをふきとるとよい

酒

保存　暗くて温度変化の少ない場所に。夏場は冷蔵庫に入れる。開封後2〜3か月がめやす。色が濃くなっても天然のうま味成分のためなので、賞味期限内なら問題ない

マヨネーズ

保存　開封前は冷暗所で7～10か月。開封後は冷蔵で、約1か月がおいしい期間

トマトケチャップ ウスターソース

保存　開封後は冷蔵し、ケチャップは約1か月、ウスターソースなどは1～2か月で使いきる

スパイス

保存　香りがとばないように大量は買わない。ふたをしっかりしめ、袋入りもびんや密閉容器に入れて、冷暗所か冷蔵。開封後、6か月程度で使いきる。湯気でしけるので、鍋に直接ふり入れず、一度スプーンや手にとる

マスタード

保存　開栓後、冷蔵庫で約1か月がめやす。分離しても、よく混ぜて使えばだいじょうぶ

Q　調味料は、すぐ使えるようコンロのそばに置いてはいけない？

A　コンロのそばや下は高温で、シンクの下も、排水管を湯が通るなどで意外に温度が上がりやすく、調味料や食品の保存には不向きです。光があたらず、温度変化の少ないところ、調理台の下や戸棚などが適当。日常使う分をケースなどにまとめておくと、すぐ出せます。

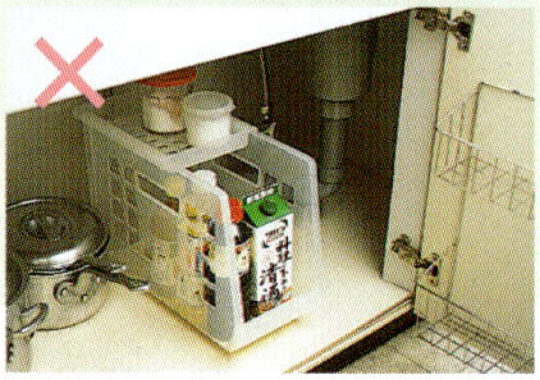

チューブのわさびなど

保存 開封後は冷蔵のほうが風味がとばない。空気を出すようにして口をしっかりしめ、賞味期限をめやすに早めに使う。めやすは約3か月以内

カレーやシチューのルウ

保存 開封前は冷暗所。開封後は密閉容器に入れ、冷蔵庫で2～3か月以内に使う。2つに分かれたパックで、残りを開封していなければ冷暗所でもよい

スープの素

保存 冷暗所。余ったら固形ならもう一度包み、冷蔵庫に。顆粒も夏場はなるべく冷蔵

かたくり粉・小麦粉・パン粉

保存 湿気やほかの食品のにおいを吸いやすいので、紙袋のまま置かず、密閉容器やポリ袋に入れて冷暗所に。使い残しは元の袋にもどさない。かびの原因になる。生パン粉は冷凍するともつ

SOS

粉末のスープの素をびんに入れていますが、すぐ固まってしまいます。

A 固まるのはしけたため。長く保存しすぎたり、温度や湿度が高い場所に置くと、しけやすいものです。夏場はできれば冷蔵庫に入れます。また、湯気のたつ鍋の上でふたをあけると、しける原因に。乾いたスプーンで、湯気のあたらない場所でとるようにしましょう。

だし・油脂

＊とっただしは、冷蔵します。だしの材料のこんぶやけずりかつおは、乾物のページに（P.75）。
＊サラダ油などの油は、熱や日光を避ける置き場所に。どれも密閉が大事です。

だし

保存 ●冷蔵して1～2日以内に使う。それ以上たって、味をみて渋味を感じたら、いたんでいるので使わない
●冷凍なら約１か月。製氷皿に入れて冷凍し、凍ったら密閉容器に入れると、あえものなどに少し使うときも必要量だけ使えて便利

recipe

だしをとったこんぶやかつお　捨てないで！

だしをとったあとの材料には、うま味が残っています。冷凍しておき、ある程度たまったらつくだ煮などに。

けずりかつおのふりかけ

❶だしをとったあとのけずりかつお適量をぬれたまま皿に広げ、電子レンジでラップなしで約5分加熱し、ようすをみながら時間をたして乾燥させます。
❷ポリ袋に入れて手でもみ、粉末にします。その半量のゆかり、いりごま適量と混ぜます。

煮干しとこんぶのしょうが煮

（4人分・1人分29kcal）

❶だしをとったこんぶ30ｇを細切りに、しょうが１かけ（10ｇ）をせん切りにします。
❷鍋に①、煮干し40ｇ（こんぶなしで煮干し70ｇでもよい）、水カップ3/4を入れてふたをし、中火でこんぶがやわらかくなるまで煮ます。しょうゆ・みりん各大さじ１強を加え、汁気がなくなるまで煮ます。

油

保存 ●酸化（劣化）して徐々に風味が落ちるので、しっかりふたをして、高温と光を避け、開封後1〜2か月で使いきるのが理想
●缶入りの油を使い始めたら、アルミホイルなどでふたをして、ほこりなどが入らないようにする

ワンポイント

●油は何度も使うと劣化する。揚げものに2〜3回使った油は、いためもので使いきるとよい
●寒さで白くかたまることがあるが、無害
●残った油を排水に流すのは水質汚染のもとで厳禁。牛乳パックに古新聞やボロ布を入れて油を吸わせ、口をとめて捨てる

Q 古くなった油は、梅干しを入れてこげるまで熱するとにおいがとれるのでは？

A 「野菜を揚げるとよい」との言い伝えもありますが、迷信です。油の疲れ、つまり酸化は、梅干しや野菜を揚げても元にはもどりません。無理に何度も使ったり、新しい油をたすよりも、2〜3回で使いきるのが賢明です。

マーガリン

保存 ●冷蔵し、開封後はなるべく早く使う。めやすは約1か月以内
●においを吸いやすいので、強いにおいのものと一緒に置かない

ワンポイント

汚れたバターナイフを入れっぱなしにしたり、長く室温に置くとかびが生えることもある。かびが生えたら食べない

バター

保存 ●開封前は冷蔵で約6か月、密閉して冷凍すると約1年もつ。開封後は酸化で風味が落ちやすいので、しっかり包んでなるべく早く使う。めやすは約2週間以内
●においを吸いやすいので、強いにおいのものと一緒に置かない

ワンポイント

5gか10g（200gなら20等分）に切って保存すると便利

缶詰・冷凍食品など

＊缶詰やびん詰、レトルト食品などは、開封前は保存のきく食品です。とはいえ、よい状態を保つために、高温や直射日光は避けましょう。

＊開封前は製品の賞味期限をめやすにし、開封したらふつうのおかず類と同じなので、冷蔵して早めに食べます。低塩の魚介類などは生ものと変わりません。

缶詰

保存 残ったら、開け口から缶のにおいなどが移らないよう、別の容器に移す。ふたやラップで密閉して冷蔵、2〜3日で食べきる

ふたの表示の見方

YN 1
080110 → 2008年1月10日が賞味期限
AB03

ほかの段は品名記号など。表示が2段になっていたり、賞味期限だけのこともある。長くもつ缶詰だと、賞味期限が年月だけで、日がない場合もある

冷凍 ツナやかに、ほたて、トマト水煮、大豆水煮などは冷凍もできる
➔凍ったまま加熱調理。ただし、缶のまま冷凍すると、風味が落ちたり、缶がふくれてこわれることがあるので、避ける

びん詰

保存 光を通すので日光を避ける。開封後は冷蔵。意外にもたないので、中の状態をよく確認して。清潔な箸やスプーンでとる

はちみつ

保存 日光と湿気を避け、冷暗所で、2年ほどもつ。長く保存するには、プラスチック容器よりびんがよい。冷蔵すると結晶しやすいので、冷蔵庫は向かない。結晶ができたら温めると元にもどる

ジャム

保存 ●開封後は冷蔵。今は低糖が多いので、長くおくとかびが生えることも。清潔なスプーンを使い、約3週間をめやすに食べきる
●残りそうならシチューや甘酢煮、ソース、ドレッシング、肉のつけ汁、ヨーグルトなどに使うとよい

冷凍食品

保存 ●温度が上がらないように、買物の最後に買い、早く持ち帰る。ケースの中の冷気があたる境界線（ロードライン）より下にあって、霜がついていないものを選ぶ
●賞味期限内でも徐々に風味が落ちるので、買ってから冷凍庫内なら約3か月、ドアポケットなら2か月以内に食べる。解凍したものの再冷凍は厳禁

買ったらほかの品物で囲い、熱を防いで早く帰宅する

Q レトルトの炊きこみごはんの素やおかずの素が残ったら、どうすればいい？

A 中身もさまざまで、いちがいには言えませんが、使いきるのが一番。できた料理を冷蔵か冷凍します。どうしても残るなら、口をしっかりしめて、冷蔵庫で2～3日はもつでしょう。中に野菜などが入っていない、調味料や加熱ずみのひき肉だけのものなら、冷凍もできます。

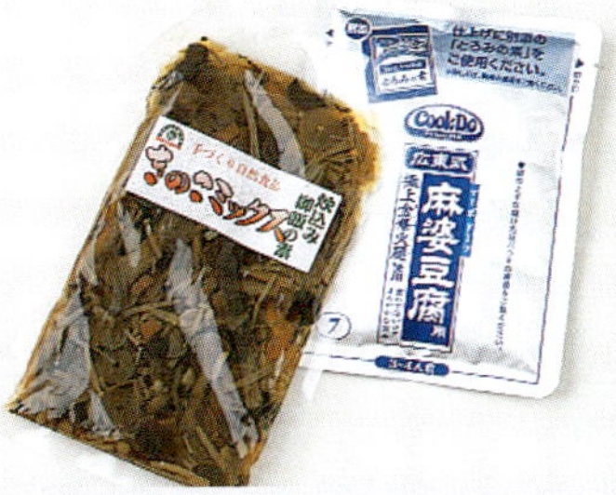

おかず

＊生の魚介など生ものを使った料理なら、**冷蔵**してその日のうちに食べます。火を通した料理は、残った場合、**冷蔵**で1〜2日以内に。食べるときに火を通します。特にお弁当には、よく火を通し、さましてから詰めます。

＊冷凍は、使っている材料が冷凍に不向きなものなら、やめたほうが無難。

ハンバーグ

冷凍 中まで火を通し、さめてから保存袋か、ラップで包み密閉容器に。2〜3週間もつ

➡解凍してから温める

ぎょうざ

冷凍 焼く前の状態で、保存袋などに。1〜2週間で使いきる

➡凍ったまま、蒸し時間を長くして焼く

くっつかないように少し離して凍らせる

凍ったら保存袋や密閉容器に

しゅうまい

冷凍 蒸してから、さまして保存袋や、ラップで包み密閉容器に

➔凍ったまま蒸し直すか、水をふりかけて電子レンジ加熱

残りそうなおかず捨てないで！

冷凍保存のほか、ちょっと変身させると目先が変わって食べられます。

カレー ……… めんつゆで割ってカレーうどんに(鍋に残ったカレーを利用すると無駄がない)。ごはんと混ぜ、チーズをのせてグラタンに

きんぴらごぼう ……… 天ぷら、卵とじ、卵焼き、肉巻きに。パンにはさむ。きざんでごはんに混ぜる

肉じゃが ……… 卵とじに。つぶしてコロッケ風に

ポテトサラダ ……… つぶしてまとめバターで焼く。パンケーキにのせる。パンにはさむ

かぼちゃの煮もの ……… つぶしてパンに塗るペーストに。牛乳とスープに

ひじきの煮もの ……… ひじきごはんに。おからやハンバーグ、卵焼きに入れる

きんぴらバーガー

から揚げの卵とじ丼

Q 使いかけのぎょうざや春巻きの皮を使う方法は？ 冷蔵庫に入れておくと、くっついてしまいます。

A おすすめは使いきってしまい、できた料理を保存すること。ほかに、切ってスープの具に、揚げてサラダのトッピングに。チーズやあんを包んで、焼くか揚げてもよいでしょう。多少割れやすくなりますが、冷凍もできます。乾燥しないようラップで包み、保存袋か密閉容器に。必ず自然解凍して、1枚ずつていねいにはがして使います。

トッピングに

あんを入れておやきに

SOS カレーの残りを冷凍して、解凍したら中のじゃがいもがプヨプヨ！

A じゃがいもや大きなにんじんは、組織がこわれやすいもの。カレーを冷凍するなら、じゃがいも、にんじんを除いておくか、こします。こすのがめんどうなら、じゃがいもはつぶし、にんじんは小さく切れば、比較的おいしく食べられます。シチューも同様に。解凍してから加熱します。

漬けもの

はくさい漬けなど

買ったときの汁につけてあるほうが長もちする。食べる分だけとり出して洗い、残りは汁につけたまま密閉容器で冷蔵。浅漬けは1～2日で食べきる

漬けもの

梅干し

低塩のものが増えて以前ほど保存がきかない。開封後は冷蔵で賞味期限をめやすに。食べきれなければ、肉や魚を煮るときに加えたり、チャーハンやあえものに

キムチ

においがほかのものに移らないよう、密閉容器に。包装のポリ袋ごと容器に入れてもよい

残りそうな漬けもの　捨てないで！

はくさい漬けやキムチ、野沢菜漬けなどが酸っぱくなってきたら、いためたり、鍋に使うとおいしく食べられます。漬けものは塩気があるので、調味料はいらないか少なめに。たくあんや野沢菜は野菜とあえたり、混ぜごはん、水につけて塩を少し抜き、いためものや煮ものに。

たくあんと野菜のあえもの

野沢菜チャーハン

菓子

＊水分が多いケーキや生菓子より、乾燥しているクッキーや干菓子《ひがし》のほうが長もちします。焼き菓子はしけないように密閉して室温。まんじゅうやフルーツケーキ、マドレーヌなどは、冷蔵するとかたくなりやすいので室温が基本ですが、夏場は冷蔵庫に入れても。それぞれ賞味期限と保存方法の表示にしたがいます。

アイスクリーム

冷凍 冷凍温度を守れば品質が変わらないので、賞味期限の表示も必要とされていない。しかし家庭では温度が変化するので、早めに食べる

ケーキ

保存 生ケーキは冷蔵で遅くとも翌日には食べる

冷凍 くだものや生クリーム、カスタードクリームを使ったもの、プリンは、食感が悪くなるので向かない。くだものは除けばできる。ラップをそっとかけ、容器か保存袋に。ケーキのケースや密閉容器をさかさに使うと便利

➔室温か冷蔵庫で自然解凍

チョコレート

保存 15～18℃の室温がベスト。夏場は溶けるので冷蔵庫に。温度変化に弱く、脂肪分や糖分が白くかたまることがあり、無害だが味は落ちる。買ったら約１週間以内に食べたい

生チョコは冷蔵で2～3日、冷凍で1～2か月

和菓子

冷凍 まんじゅう、ねりきり、カステラなどは向く。１つずつラップで包み、保存袋や容器に。おだんごはかたくなる場合があるので、やめたほうが無難

➔室温で自然解凍

飲料

＊酒類は温度変化が少ない場所で、振動を与えないように保存します。

＊茶葉やコーヒー豆は、必要量ずつ買って、風味、香りがよいうちに早めに飲みきります。高温に弱く、湿気やほかのもののにおいを吸いやすく、密閉していないと、消臭剤や吸湿剤になりかねません。缶やびんに入れるか、袋なら空気を押し出して口をしっかりしめ、においの強いものの近くは避けます。

冷凍は出し入れするときに温度差で湿気を吸いやすいので、いま飲んでいるものの保存には向かず、長期保存向き。冷凍・冷蔵したものは、室温にしばらく置いて、常温にしてから開封します。

酒

日本酒

● 高温や日光、光で変化しやすいので、冷暗所で。できれば冷蔵

ビール

● 冷暗所、できれば冷蔵。冷凍は破裂の危険もあるので厳禁

● 残ったら、肉を漬けたり、植木の肥料（土を少し掘って流す）、ぬか床などに

ワイン

● 温度変化が少ないところに、コルク栓のものは寝かせて保存

● 冷蔵は低温・低湿度すぎて長期保存には向かない

● 開栓後、冷蔵で１週間くらいなら飲める。それ以上たつと風味が落ちるので料理用に。色が変わってしまったら、酸味が強く香りも悪くなるので、料理にも使わないほうがよい

インスタントコーヒー

● 開封したらふたの内側の紙ラベルを全部はがして、ふたをしっかりしめる。紙を残しておくとかえって湿気を吸う。湿気を避けるため、温度差ができる冷蔵は避け、ぬれたスプーンを使わない。湯気の近くであけない。開封後1か月くらいで飲みきる

缶やボトルの飲料

● 開封前は直射日光や高温、湿気を避けて保存。まとめ買いした箱入りも同じ

● 開封したら、ふたをしめて冷蔵し、ジュース類は1〜2日、ミネラルウォーターは4〜5日以内に飲みきる。容器に口をつけたら早く飲む

紅茶（葉）

● 葉を発酵させているので緑茶より保存がきく。開封後は密閉容器に入れ、室温に置いて1〜2か月で飲みきる。大量に買ったら小分けする

● 長期保存なら冷凍

コーヒー豆

● 低温なほど風味を保つ。缶などに密閉して冷凍か冷蔵するとよい

● 開封後は冷蔵なら豆は1か月、粉は2〜3週間以内に飲みきる。夏の室温だと数日で味が落ちる

緑茶（葉）

● 賞味期間は冷暗所に置いて6か月程度。開封せず冷凍すると風味を保つ。ただし冷蔵・冷凍とも、室温にもどしてから開封する

● 開封後は缶などに密閉して室温なら約10日、冷蔵で1か月程度で飲みきる

Q お茶の葉や紅茶、コーヒー豆などは、「冷凍や冷蔵は適さない」という意見も見ますが？

A これは、生産や販売にたずさわる専門家の間でも、意見が分かれるところなのです。「冷凍や冷蔵は適さない」という意見の理由は、冷凍・冷蔵してとり出し、すぐに開封すると、温度差が大きいために周囲の湿気を吸って、しけてしまうこと。温度差で結露するのと同じです。のりなどは、シナッとしてしまいます。

しかし、これらの食品は、高温や湿気で早く風味が落ちることも確か。ですから、長くもたせたいときは冷凍がおすすめです。逆に冷凍は、しょっちゅう出し入れして使う分の保存には向きません。

そして、冷凍・冷蔵したものをあけるときは、必ずしばらく室温に置いて、周囲と同じ温度にしてからあけます。

もうひとつ、冷蔵庫に入れないとする意見の理由は、冷蔵庫内でほかの食品のにおいを吸ってしまうから。におい移りを防ぐためにも、しっかり密閉し、キムチなど、においの強い食品とは離して置きましょう。

Q いろいろな食品に「密閉して」と書いてあるのですが、なぜですか？　また、缶に入れればよい？

A 食品の品質を落とす要素は、食品の種類にもよりますが、高温多湿、空気、光など。特に酸素と結びつく酸化は、品質を落とします。食品を密閉するのは、湿気や空気にさらされるのを防ぐためです。また、ほかの食品からにおいが移るのを防いだり、砂糖や米などは虫から守ったりする役目もあります。

冷蔵や冷凍するときなら、ラップで包んだあと、さらに冷凍用保存袋や密閉容器に入れます。

特に湿気をきらう乾物、乾めん、茶葉などは、缶やびん、ふたつきの密閉容器、保存袋に。開封後は売っていたときの袋の空気を押し出して口をしめてから、これらの容器に入れると万全です。

ただし、缶にも密閉できないものがあり、水を入れてもれるような缶だと、空気や湿気を吸ってしまうので、注意が必要です。

SOS 飲んでいる途中のペットボトルのお茶に何か浮かんでる！もしかして不良品？

A 口をつけて飲み、長時間おいたのではありませんか？　口の中には雑菌がいますし、食べたものが容器の口につくこともあります。特に夏場は長時間おくと、菌が増えたり変質したりする危険があります。口をつけたら、必ずその日のうちに、早めに飲みきりましょう。小分けして持ち歩く場合も、容器の清潔には充分気をつけます。

ベターホームのお料理ブック

＊価格税込（５％）

シリーズ	判型	書名	内容	ページ	価格
実用料理シリーズ	（A5判）じょうぶで汚れにくいカバー	かあさんの味	四季の素材をいかした和風おそうざいとおせちが172品	144㌻	1050円
		家庭料理	家庭でよく作られている、和洋中人気のおかず152品	144㌻	1050円
		おもてなし料理	行事やおもてなしに向く、豪華なごちそう106品	144㌻	1050円
		お菓子の基本	スポンジケーキからチョコレートまで家庭で作れる洋菓子65品	160㌻	1575円
		手づくりパン	バターロールから本格的パンまで46品。基本を詳しく解説	144㌻	1575円
		お料理一年生	お料理以前の基礎から写真でわかりやすく説明	192㌻	1470円
		お料理二年生	定番の家庭料理が絶対おいしく作れるコツをプロセス写真で	192㌻	1470円
		スピード料理	手早く作れておいしい料理200品と、手早く作るコツ	160㌻	1260円
		きょうのお弁当	毎日作れるかんたんお弁当71メニュー。おかず245品	160㌻	1260円
		野菜料理	50音でひける野菜別、おいしくヘルシーな料理308品	192㌻	1470円
		電子レンジ料理	電子レンジで作れる、かんたんでスピーディな料理158品	160㌻	1260円
		おとなの和食	四季の素材をおいしく味わう献立集。カロリー・塩分控えめ	160㌻	1470円
		ダイエットのひと皿	健康的にやせられる低カロリーのおかず150品	144㌻	1050円
		ひとり分の料理	ひとり暮らし、単身赴任の方に、栄養満点かんたん100献立	144㌻	1050円
		パーティ料理	ホームパーティ・おもてなしに。気のきいた献立と料理135品	160㌻	1260円
		お魚料理	50音でひける魚介類98種の料理250品と、扱い方のコツ	192㌻	1470円
		きょうの献立	月ごとの献立100例、料理417品。毎日の悩みを解消します	224㌻	1575円
		お肉料理	かんたん、ボリューム、経済的な料理187品を肉ごとに紹介	160㌻	1260円
		お米料理	おいしいごはんの炊き方と、丼、すし、ピラフなど200品	160㌻	1260円
	（A5判）	食品成分表	日ごろ食べる量の栄養成分がひと目でわかります	320㌻	1050円
		なるほど、料理のことば	知れば料理がもっと楽しくなることば約600語の解説集	224㌻	1260円
毎日役立つおかずの本		かんたん美味	かんたんうまい！おかず、酒肴、デザート。日経新聞連載レシピ	160㌻	1260円
		かんたん美味2	待望の第2弾！シンプルだからこそ素材の味がいきる106品	160㌻	1260円
	（B5判）	お気に入りおかず	超かんたんで経済的なベターホームの先生たち自慢のレシピ集	96㌻	1260円
		体にいいおかず	体調が悪い、風邪ぎみ…ちょっと気になるときの料理194品	96㌻	1260円
		作りおきのおかず	さめてもおいしい、まとめづくり等、便利なおかず157品	96㌻	1260円
		すぐできるおかず	20分以内、ひと鍋で作れるおかず等約150品。共働き主婦必携	96㌻	1260円
		和食の基本	和食の定番88品。詳しいプロセス写真と俳句調のコツでよくわかる	128㌻	1470円
		20分で2品おかず	手順どおりに作れば、主菜と副菜が20分以内で同時に完成！	96㌻	1260円
		段どりよく作る 夕ごはん献立	人気おかずの献立集。タイムスケジュールつきで手際よく	96㌻	1260円
		フライパンおかず	フライパン1つで作る、肉、魚、野菜のボリュームおかず集	96㌻	1260円
		ムダなしかんたんおかず	冷蔵庫の残り野菜や調味料を利用した料理276品	96㌻	1260円
		春夏のかんたんおかず	20分以内に作れる手間のかからない料理157品	96㌻	1260円
		秋冬のかんたんおかず	主菜、副菜、鍋料理。季節に食べたい味がすぐできる。148品	96㌻	1260円
		おいしい おもてなし	前菜、メイン、サブの料理、ごはんと軽食など役立つ100品と献立例	96㌻	1260円
		料理できれいになる	美肌・若さのためのレシピ100。しわ、しみ、老化が気になる人に	96㌻	1260円
		免疫力を高める野菜おかず139	野菜で元気、病気予防。素材別にひけるかんたん139品	96㌻	1260円
		イタリアンのお料理教室	プロのコツを教えます。「アルポンテ」原宏治シェフのレシピ	96㌻	1260円
お菓子やパンなど	（B5判）	かんたんおやつ	プリン、ドーナツ、ホットケーキ、大学いも…家庭のおやつ53品	96㌻	1260円
		すぐできるお菓子	マドレーヌやクレープ、ハーブクッキー…手軽なお菓子68品	96㌻	1575円
		焼くだけのお菓子	材料を混ぜてオーブンで焼くだけ。素朴でおいしい43品	96㌻	1575円
		焼くだけのお菓子 Vol.2	好評第2弾。かんたん＆おいしいレパートリーが広がります	96㌻	1575円
		冷たいお菓子	ゼリー、プリン、レアチーズケーキ、杏仁豆腐など57品	96㌻	1575円
		私が作る和菓子	草もち、水ようかん、月見だんごなど四季折々の和菓子77品	96㌻	1575円
		初めて打つ そば・うどん	めんの打ち方を詳しいプロセス写真で。おいしいレシピ付き	96㌻	1260円
		かんたん手づくり食品	果実酒、ジャム、キムチ、梅干しなど減塩・減糖の初心者向け64品	96㌻	1260円
		私が作るパン	本格的な作り方と、ポリ袋でかんたんに作れる方法で46品	96㌻	1575円

お求め方法

＊大手書店、ベターホームのお料理教室でお求めいただけます。全国の書店からお取り寄せできます。当社からもお届けできます（送料は１冊100円、２冊以上は無料です）。

＊ベターホームの「道具や食材、本のカタログ」「お料理教室のご案内」を無料でさしあげます。

＊乱丁・落丁本はお取り替えいたします。下記にご連絡ください。

編集　ベターホーム協会©

〒150-8363　東京都渋谷区渋谷1-15-12

TEL03（3407）4871　　FAX03（3407）1044

http://www.betterhome.jp

発行　ベターホーム出版局

発行日　初版2007年2月1日　13刷2013年9月1日

大切な食べものを無駄にしない本　ISBN978-4-938508-94-4